「道具の物理学」と「カラダの運動学」で
ゴルフスイングの正体が見えた

**クラブという道具の「機能のさせ方」がわかれば
ゴルフはやさしくなる！**

重心のズレたクラブはボールをつかまえたがっている！

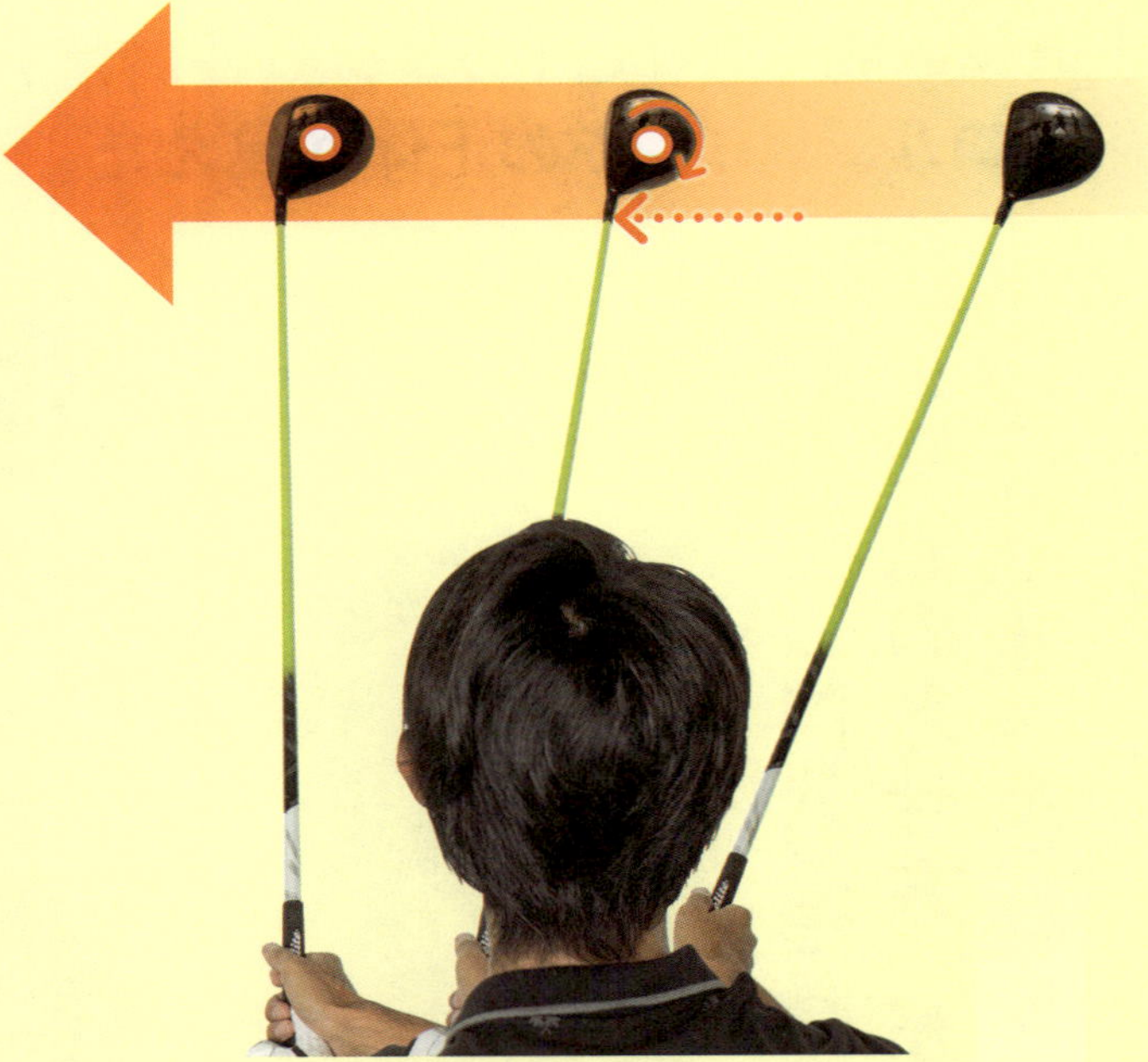

真っすぐのヘッド軌道

ヘッドを真っすぐ動かそうとすると、ネックを左に押すことになり、重心がズレているゴルフクラブの場合はフェースが開いてしまう。逆に、ヘッドの動きを止めようとする動きはネックを右に押すこととなり、フェースが閉じてしまう。

ヘッドが水平面で円運動すればフェース面は目標を向いてくれる

円を描くヘッド軌道

カラダのまわりでクラブを振ればヘッドは円を描くように動く。ヘッドには遠心力と向心力が働き、重心がシャフトの延長上に引っ張られるため、インパクトゾーンをフェースはスクエアになって通過する。ただし、適切に向心力をつくれば、という条件がつく。

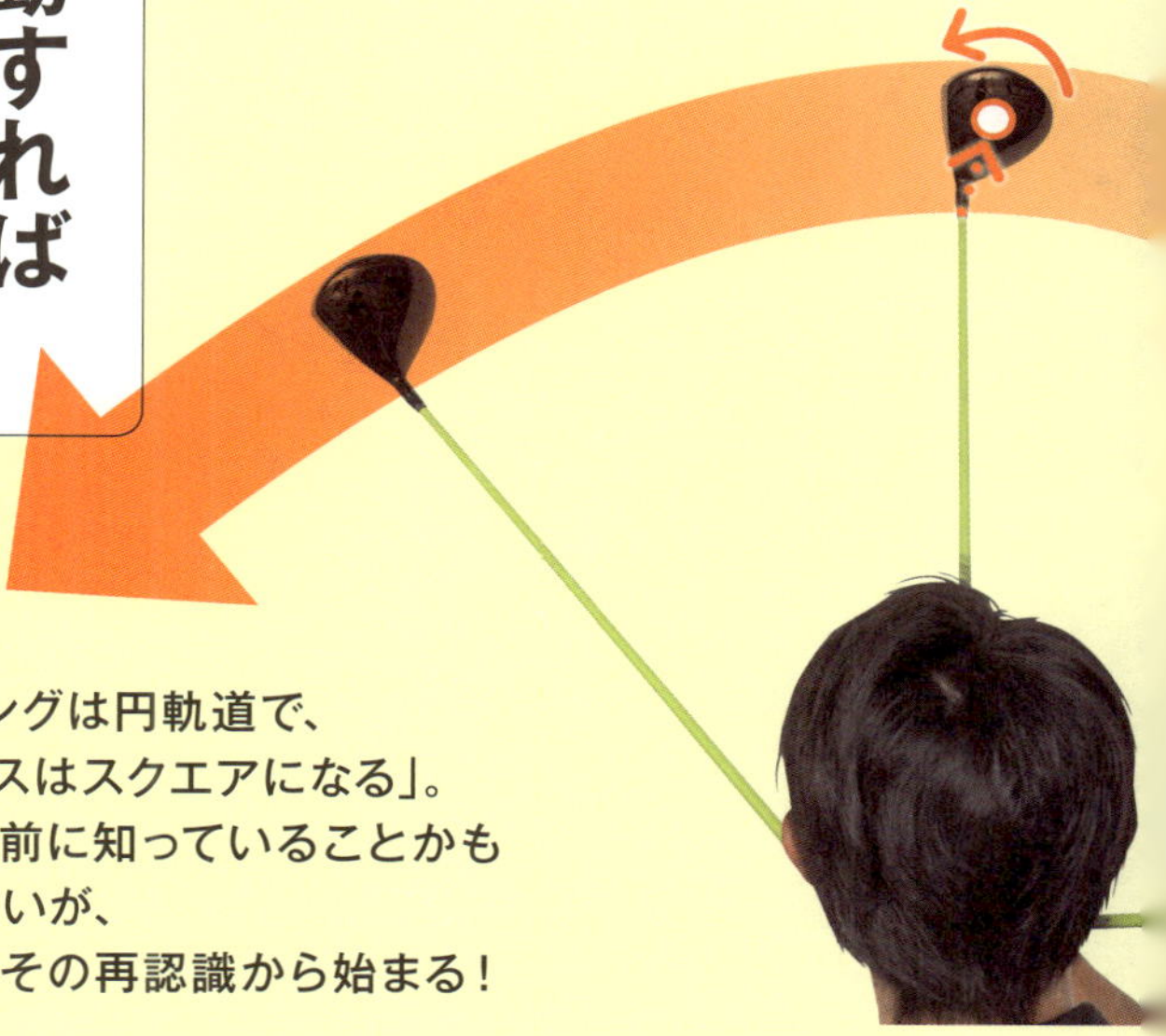

「スイングは円軌道で、
フェースはスクエアになる」。
当たり前に知っていることかもしれないが、
まずはその再認識から始まる！

水平面上の遠心力を意識するため上から見たヘッド軌道をイメージする

ヘッドに円軌道を描かせ、遠心力を働かせればフェースは返る。だがそこで必要なことは、適切な向心力の向きを意識しておくこと。そうしなければクラブが機能しようとしているのに抵抗を与えてしまうことになる。カギとなるのは「水平面上のヘッド軌道と遠心力」という概念。上から見たヘッド軌道のイメージこそがその理解につながっていくはずだ。

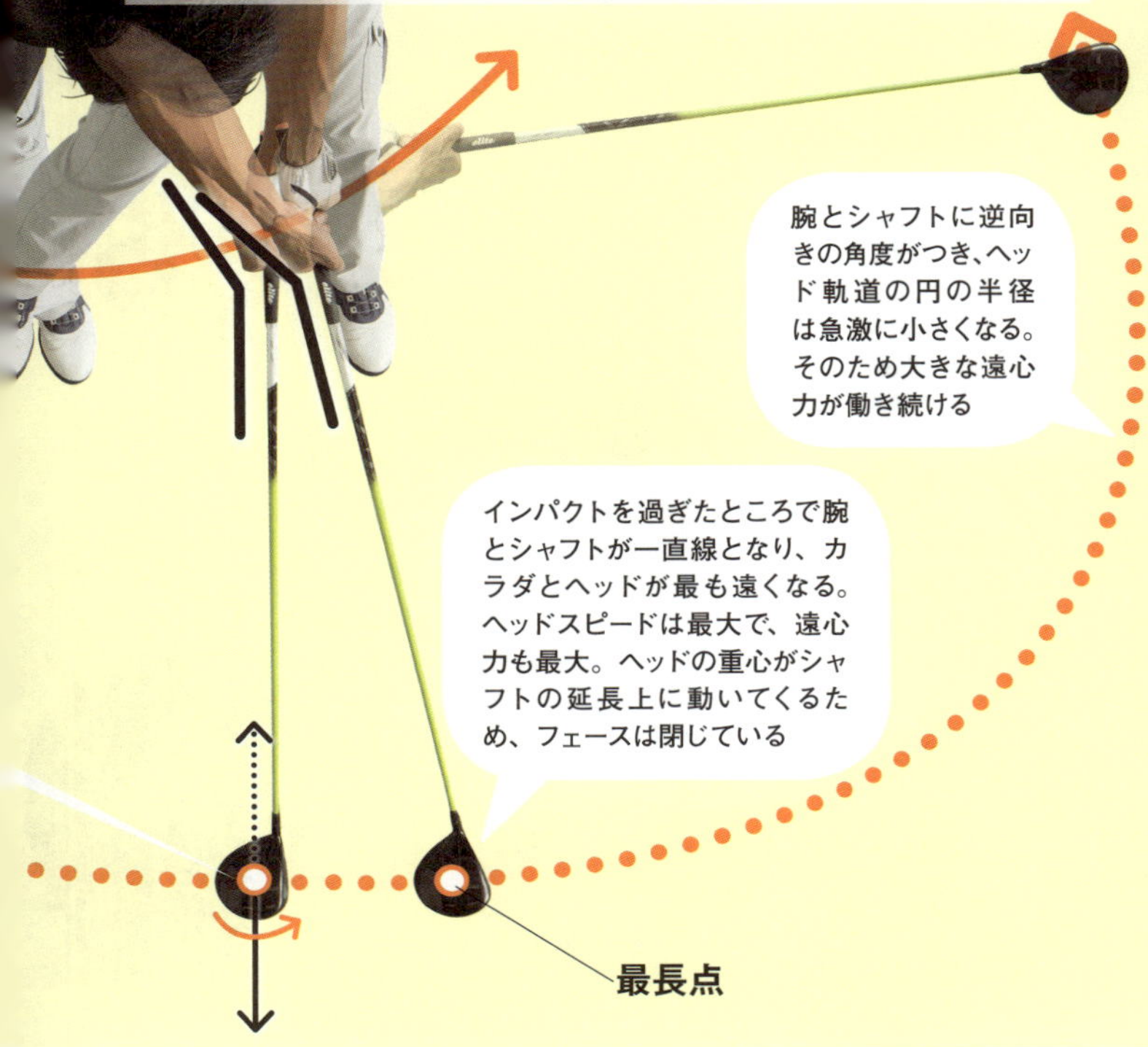

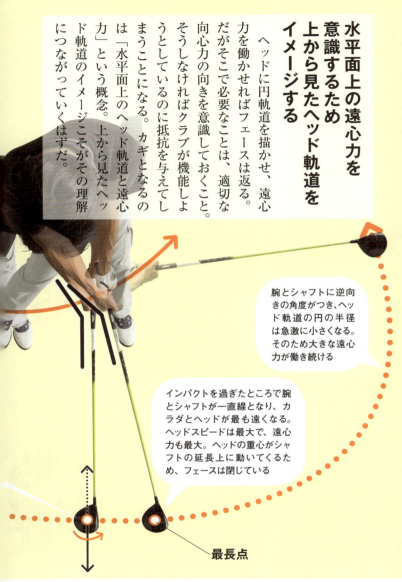

腕とクラブが一直線となる「最長点」で慣性による加速と遠心力が最大となる

腕とシャフトの角度がほどけることでヘッドはどんどん加速する。加速するにつれて遠心力も大きくなっていく段階
カラダの正面ではまだ腕とクラブが伸びきっていない。つまりまだ加速段階にある。最長点では閉じてしまうフェースだが、その直前に、目標を向くタイミングがある

ダウンスイングで腕とシャフトの角度がほどけ、
インパクトゾーンで一直線になる。
ヘッドはスムーズな円を描き、最大に加速しているため
遠心力も最大となりフェースをターンさせる力も
最大となっている。

手の軌道よりヘッドが高いトップからはヘッドが水平面上で円を描けない

手を下ろす軌道より**ヘッドが上**

手を下ろす軌道の延長よりもヘッドが上にあると、切り返しで引っ張る際にシャフトは寝ながら下りてくる。ヘッドの軌道を後方から見ると反時計回りになる

「ヘッドを円軌道で振る」とわかってはいても
多くのゴルファーがスライスを打っている理由がここにある。
後方から見てヘッドが反時計回りで下りてくると
グリップエンドを持ち上げなければ
ボールに当たらないからだ。

シャフトが寝ながら下りると手が持ち上がる

プレーンよりも下にヘッドが来るので、ボールに当てるためにグリップエンドを浮かすしかない。手の位置がズレるためヘッドは円を描けなくなる。ヘッドは手よりも遅れるため、なかなかカラダの正面まで戻ってこれない

大半はヘッドを
反時計回りに
下ろしている
反時計回り

手の軌道よりヘッドを低くしておけば ヘッドが自然にカラダの前で円を描き出す

手を下ろす軌道よりヘッドが下

手を下ろす軌道の延長よりもヘッドが下にあると、切り返しで手を引っ張るとシャフトは立ちながら下りてくる。ヘッドの軌道を後方から見ると時計回りになる

いわゆる「レイドオフ」と呼ばれる低い位置のトップ。
実はこれこそがフェースが
勝手にターンするための遠心力を生じさせるカギなのだ。
後方から見てヘッドが時計回りで下りてくるため、
手は下へと押しつけられ、ネックに向心力を与えられる。

シャフトが立ちながら下りるとヘッドが前に出てくる

手の軌道より低い位置にあったヘッドは、下へ引っ張られるとシャフトが立ちながら、ヘッドが前に出てくるように下りてくる。それによってカラダの正面で円軌道で動かし、遠心力を生じさせるための前提条件が整う

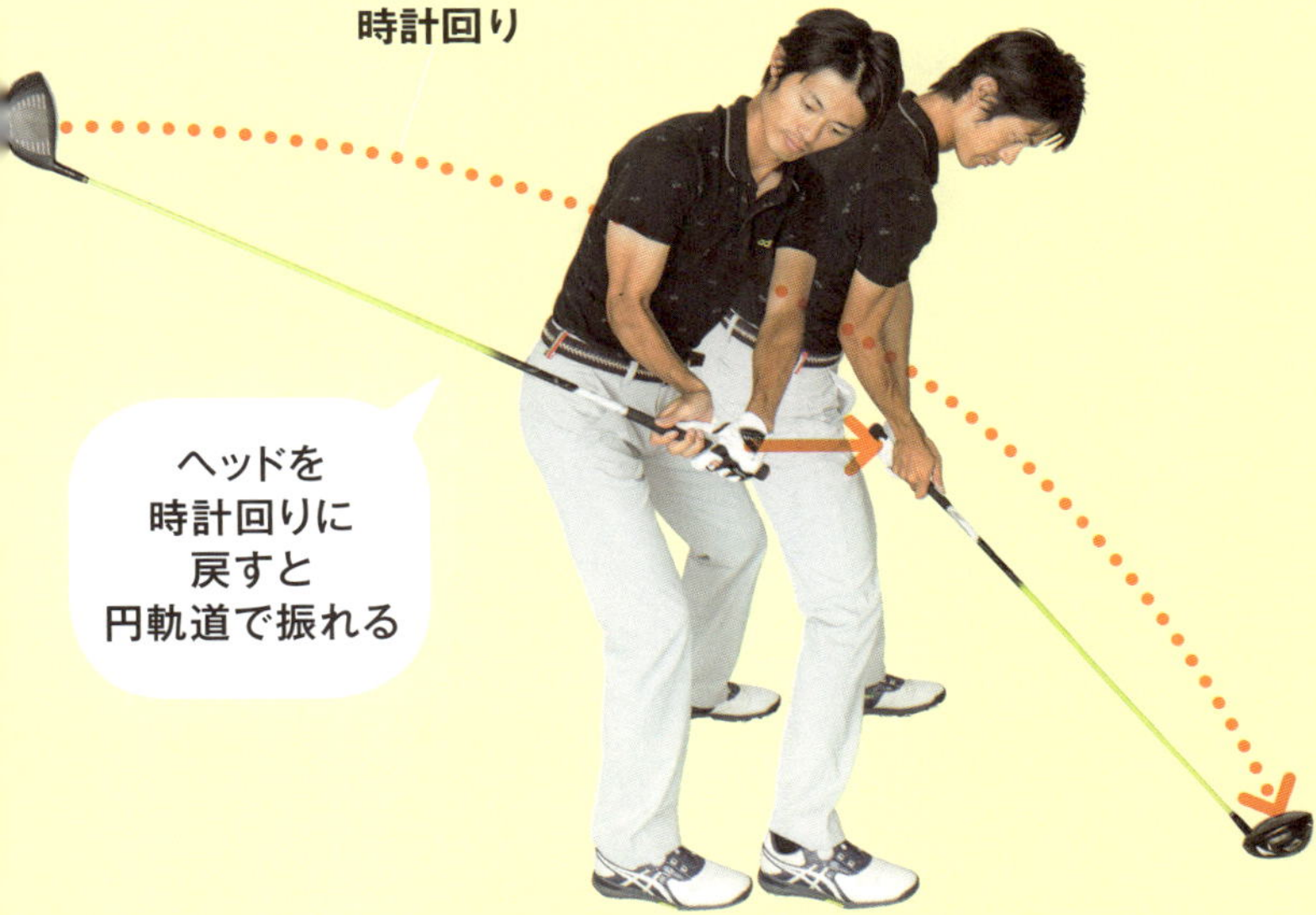
時計回り
ヘッドを
時計回りに
戻すと
円軌道で振れる

「レイドオフ」のトップをつくるためには反時計回りでヘッドを上げていく

反時計回りにヘッドが動き
上からトップの位置へ収まる

カラダの正面でヘッドに円軌道を描かせ、遠心力を生じさせるためには、ダウンスイングでヘッドが円を描きながらカラダの前に戻ってくる動きをつくることが前提となる。そのためには後方から見て反時計回りにヘッドを動かし、上からヘッドがトップに収まるようにすることが必要だ

切り返しでシャフトが立ち上がりながら
下りてくるようにするには、
トップへのクラブの入り方が問題となる。
ヘッドが上からトップに入れば、
次の瞬間「レイドオフ」の状態になる。
それが物理の法則に則ったスイングの前提だ。

右手首は甲側に折れ
ヒジから先を外へ捻る

トップをつくる際に、カラダの構造上必要なことがある。それが手首の背屈《はいくつ》、つまり手の甲側に折った状態をつくること。そして回外、これはヒジから先を外側へ捻る、つまりヘッドを背中から離す方向へ捻ると、その後に続く動きがスムーズになる

時計回りに ヘッドを回すと トップへ下から 入ってしまう

バックスイングの始動で手首を使うとヘッドがインサイドに入り、クラブは時計回りの回転を描いて上がっていく。トップへは下から収まり、シャフトクロスのポジションとなってしまう

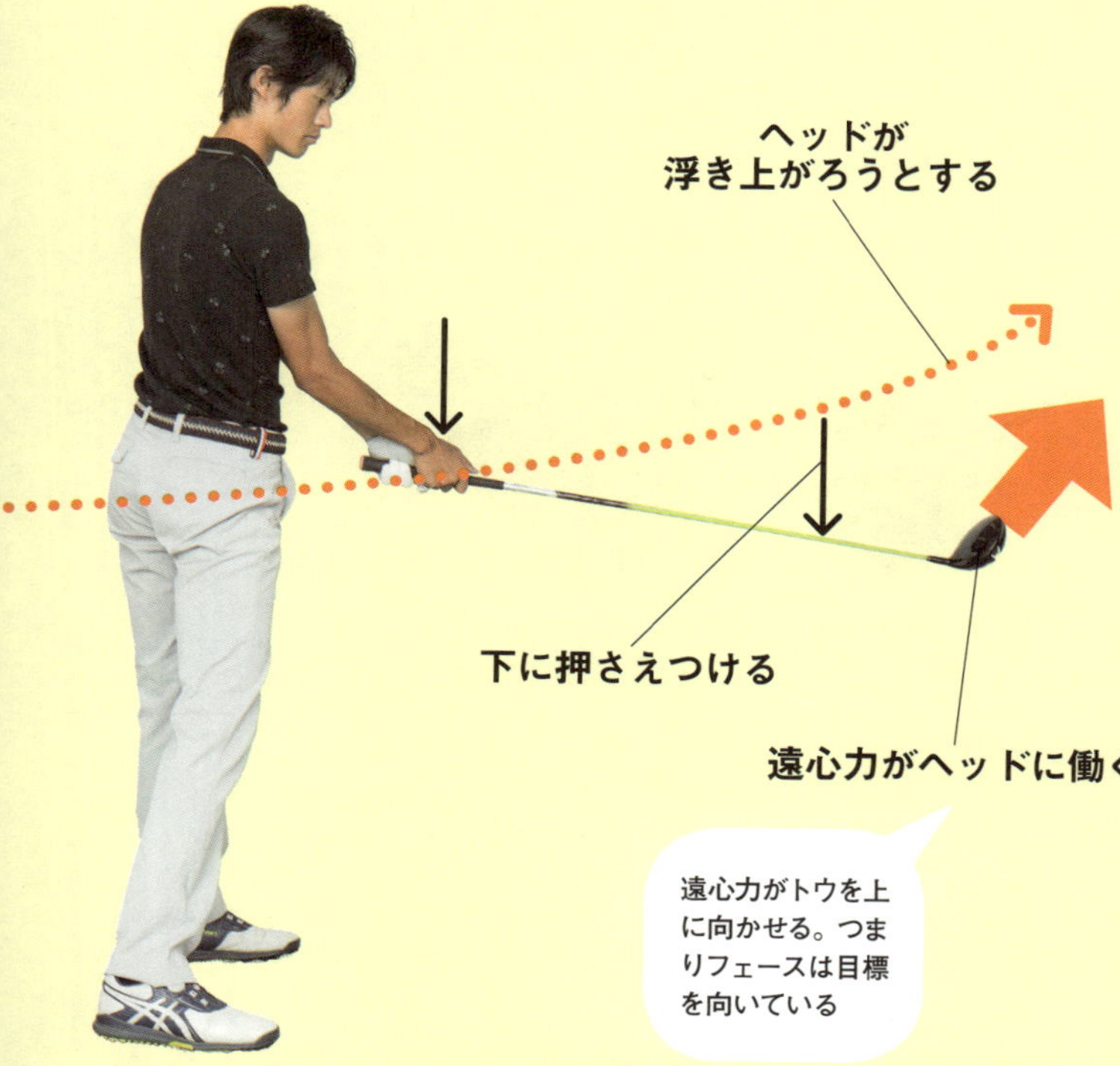

フェースが自動的に返るための最終的な条件となる
「向心力」を理解しておこう。
遠心力でヘッドは浮き上がろうとする。
それを押さえつける意識が向心力と一致する。
胸の前でクラブを振って体感してみよう。

遠心力で上に浮き上がろうとするヘッドを押さえつけながらインパクトゾーンを通過させる

遠心力で浮き上がろうとする
ヘッドを下に押さえる意識が必要

直立した状態で水平にクラブを振ってみよう。その際「トップ」ではヘッドを手より低い位置にセットする。そこから胸をすばやく回して正面に戻すと、ヘッドは円軌道で戻ってくる。遠心力が働くため、浮き上がろうとするはずだ。それを下に押さえる力が必要。ネックを押さえる感覚のはず。その力があってこそ、ヘッドの重心がシャフトの延長上に来ようとする。つまりフェースが目標（の左）を向く

水平面上の遠心力という前提条件により スラストアップとサムダウンが起こる

背中側に引っ張るように
向心力がつくられる

左ヒザを伸ばし左骨盤を背中側に逃がすようにして高い位置に動かして、縦の回転を生み出すのがスラストアップ。同時に、全身を背中側に引っ張るような力となっているが、それがヘッドに働く水平面上の遠心力と釣り合う向心力となっている

円錐振り子に働く
遠心力の方向は
水平面上
遠心力はヒモの延長上と考えがちだが、重りはあくまでも水平面上で円を描いているので、遠心力も水平面上に働く。当然向心力も水平面上だ
重りの円運動の中心

ネックを手前に引くように向心力を与えるのがサムダウン

クラブの動きに引っ張られてつくられるのが、親指が地面方向に伸ばされる動きであるサムダウン。つまりこの動きによって、ネックが手前に引き寄せられている。これが水平面の遠心力と釣り合うためのネックに与える力を生んでいる

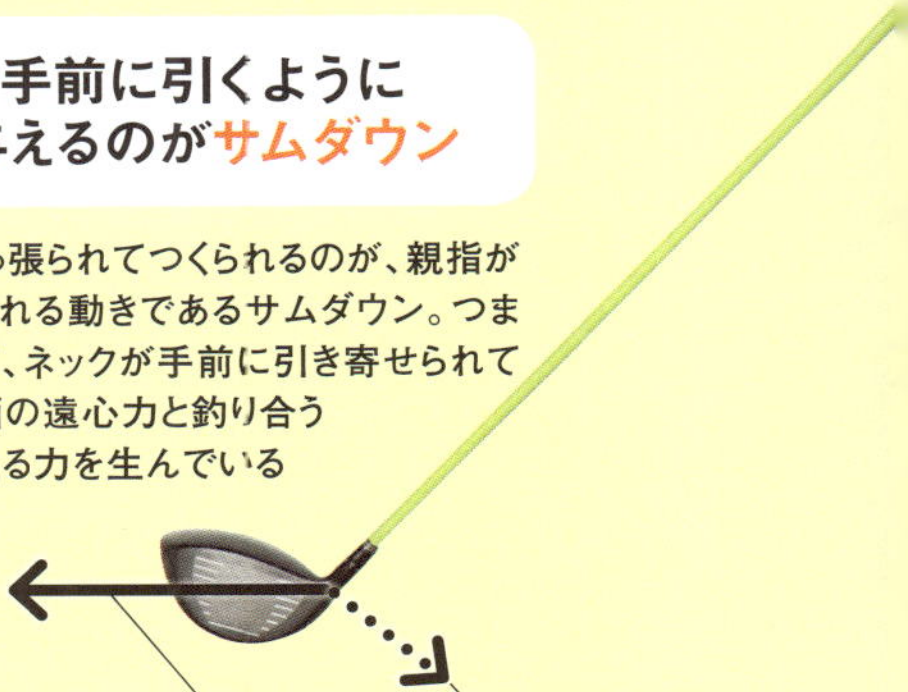
水平面上の
遠心力
ネックに
与える力

**遠心力はシャフトの延長線上に
働くわけではない。
向心力はグリップエンドを
引っ張ることでもない。
なぜなら、遠心力は水平面上に働くからだ。
それと関連するのは、
スラストアップとサムダウン。
これで物理学に則ったゴルフスイングができあがる。**

水平面上の円軌道、
水平面上の遠心力を利用するため、
ヘッド軌道のイメージは
かぎりなく水平面に近くなる

「地面にあるボールを打つために、
クラブは下から上に持ち上げて、
また下ろして打つもの」であることは間違いない。
だが遠心力に効率良く働いてもらうためには、
かぎりなくフラットなダウンスイングの軌道をイメージするといい。
その理由と合理性をじっくり説明していこう。

はじめに

私がゴルフを真剣に始めたのは、一般の多くのアマチュアゴルファーのみなさんと同じく大人になってからです。そして、どうせやるならちゃんと上達したいなぁと、いろいろな本や雑誌、ティーチングプロの話を練習場で盗み聞きしたり……しました。

しかし、どうしてもイメージや感覚では理解できない部分が多々ありました。私が大学の理工学部に在籍した理系出身者だったからかもしれません。「ボールを投げるように振る」と言われても、そもそも「ボールの投げ方」は人それぞれ違うだろうし、もっと関節の使い方や原理的なものを知って、ちゃんと頭を整理したうえで効率的に練習をしていきたいと考え始めたのです。

私は甲子園を目指した野球少年で、当時からより効率の良いカラダの使い方を考えるのが好きでした。そして、スポーツトレーナーの道へ進んだのですが、まずは自分がもっているカラダの知識をゴルフに応用したいと考え、「パワーポジション」と呼ばれる正しいスクワットのような動作をアドレスに取り入れてみたり、回転よりも重力による落下の力を使ってみたりと、試行錯誤がスタートしました。当然、練習場にも通い、家でもゴルフのことばかり考えて、子供のころにおじさんの代名詞だったはずの「傘で素振りをしてしまう現象」も経験し（今もやってしまいますが……）、とにかくカラダの動かし方を研究し続けたのです。

それでも、「飛ぶけどＯＢ連発」という元野球部にありがちなゴルファー像から抜け出すことができませんでした。スポーツトレーナーとしても、体育会系出身者としても、運動能力に自信があったので、余計にイライラし、心を折られ、何度もクラブを折ってしまいそうにもなりました。

これでは前に進まないと思い、真っすぐ飛ばすということの原理を考えなくてはと、物理的にフェースがスクエアになるための力の方向を考え始めました。

そこで発見できたのが、本書でも触れている「水平面上の遠心力」です。

これに気づいてから、なぜ今までスライスによるOBを連発していたかが理解でき、ようやくゴルフの上達に必要な考え方を得られた気がしました。

そしてこの発見を、私のクライアントであるゴルファーの方々に伝えたところ、「これはたしかに、今までになく再現性高く前に飛ばすことができる」と実感していただくことができ、そこから少しずつ理論をまとめていき、今回本書を出版するまでに至ったのです。

動画配信サイトやＳＮＳなどを通じて、私の理論に共感してくださり、出版をしてみないかとお声がけいただき、私の人生で初めてとなる本の出版を実現させてくださった実業之日本社の石川祐一さん、ライターの長沢潤さんに、厚く御礼を申し上げます。本当にありがとうございました。

本書が、手に取っていただいたゴルフを愛するみなさまのお力になれば幸いです。

スポーツトレーナー　小澤康祐

CONTENTS

目次

ゴルフスイング物理学

Physics of Golf Swing

大人になって始めた人が最速でシングルになれる新しい上達法

PART 1

「ゴルフスイング物理学」理論構築につながった気づきと発見 027

スイングについて考えてほしいこと

PART 2 ゴルフという競技特性とその道具からさかのぼって考える

スイングについて考えてほしいこと

02 道具とミスを打ち消し合えば良い

PART 3 クラブの使い方に合わせた手と腕の使い方

04 ヘッドスピードを上げてスイングをつくる

PART 5 ゴルフスイング物理学がスイングの悩みを減らしていく

編集協力 長沢 潤
写真 高橋淳司
装丁・本文デザイン 鈴木事務所
DTP 加藤一来
取材協力 スタジオコア・ゴルフ道場

PART 1

「ゴルフスイング物理学」理論構築につながった気づきと発見

ゴルフスイング物理学
Physics of Golf Swing

身体構造に則った方法論を取り入れれば飛距離は伸ばせる。だがそれだけでは……

私がスポーツトレーナーとしてゴルフスイングについて考え始めたのは2014年。それほど歴史が長くないのが事実です。それまでは「スポーツ全般にわたるカラダの動き」について取り組んできました。個別の競技に特化したものではなく、身体構造に則って力の入りやすいポジションをつくることや、さまざまな動作の中でどういった力が外からかかってきて、それに対してどういった力を発揮しなければならないのか、そしてどういった筋肉が働くのかといった研究をしていました。

その中で、私のクライアントの中にゴルフを楽しむ方が多かったことから、ゴルフスイングについてとくに考え始めることになりました。まずはカラダに負担が少なく、効率良く力を発揮しやすい方法を探し始め、「道具を両手で持って振る」動作全般に当てはまる方法論をゴルフスイングに応用しました。しかしそれに対しては、「たしかに飛ぶようにはなったけど、ボールが左右に散ってしまうんだよね」「ヘッドスピードは上がったけど、イメージした高さのボールが出ない」といった声を多くいただきました。

この時に気づかされたことは、「ヘッドスピードを効率良く上げるためのカラダの使い方」というところまではクリアしつつあったものの、「地面に落ちたボールを、クラブで狙いどおりの方向へ飛ばす」というゴルフスイングの本質には近づいていなかったということです。

「カラダの使い方」という一般論から考えるのではなく、**「L字型でシャフト軸と重心がズレたクラブという道具で打つ」「地面に落ちているボールを打つ」「標的に近づけるために打つ」**といった条件を満たすスイングを考えなければならなかったと思い至ったのです。

当然といえば当然なのですが、スポーツトレーナーという立場からゴルフスイングを考えるにあたり、この過ちに気づくことがその後、理論を大きく進歩させるきっかけになったと自負しています。それと同時に、まだまだ考えなくてはならないことが無限にあり、考えれば考えるほど複雑で、だからこそ多くのゴルファーが苦しみながらその奥深さに対し、奥ゆかしいとりこになっているのだと知ることができました。

「道具、技術（動作）、そしてカラダ」の順で考えるのが、ゴルフスイング物理学の原点

ゴルフのスイング理論を構築するにあたって、考える順番は「道具」が一番先にこなければならないということに行き着くと、ではなぜクラブはシャフトの延長線上にヘッドの重心がないいんだ、という疑問を解くことがスタートとなりました。

そしてそのズレた重心をどう使えばスクエアなインパクト（フェースが目標に向いた状態のインパクト）を高い再現性をもって実現できるかという「技術」。そしてその技術を習得するための「カラダづくり」とはどういうものか。その2点を探求する方向性が見えてきました。

つまりまず道具があり、それを前提にして技術、そしてカラダの順番に理論を構築していこうと考えるに至ったのです。

そうした順番で考察を深めていくことにより、私の「ゴルフスイング物理学」の理論は少しずつ変化し、クライアントからも「どうしてもドライバーのプッシュスライスが直ら

なかったのに、原理がわかったとたんドローも出せるようになってきた」など、方向性に関する良い感触もいただくようになってきました。

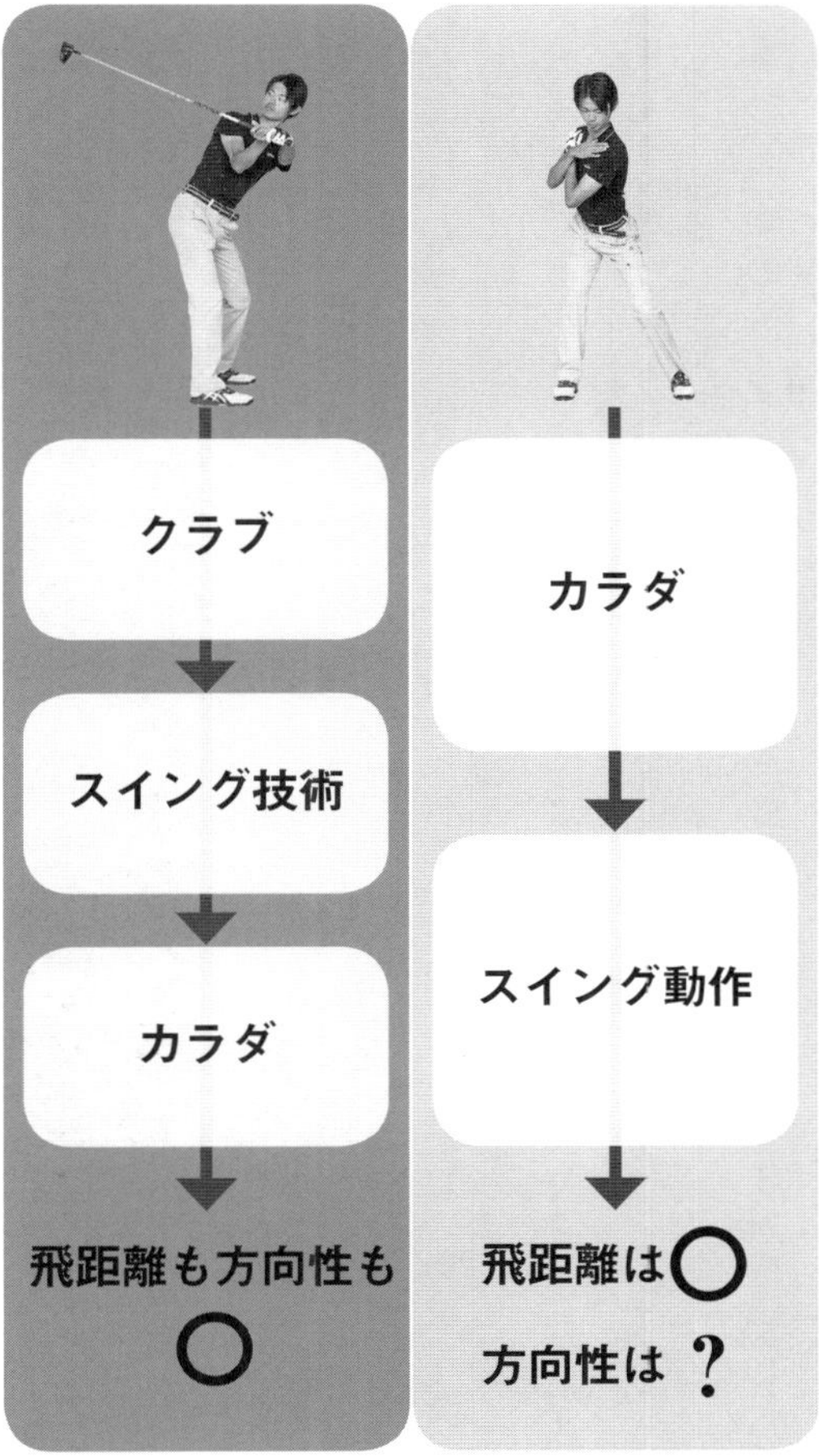

骨格や関節、筋肉などカラダの構造に合理的な動きという発想でスイングを組み立てれば、効率良くスイングスピードを高めたり、再現性を高めることはできる。しかし、狙いどおりの正確性を高めるには別の要素が必要。それが、クラブの構造というもうひとつの出発点となる

遠心力と向心力を水平方向と垂直方向に分解すると、理屈が合ってくる①

重心がシャフトの延長線上にない、クラブという道具は、ホッケーくらいしか似たような構造のない珍しいものです。まずはこの性質を理解しなければなりません。

先端が折れ曲がっているのは、地面にあるものを打つ構造としては理にかなっています。ただし、狙ったところへボールを飛ばすには打面を目標方向へ向けることが必要ですが、先端が折れ曲がっているため、操作が複雑になります。それがテニスや野球と違うところであり、特殊な方法論を考えなければならないわけです。

そして、その「フェースが前を向く」条件を考えたときに、絶対必須のものが出てきました。それが「重心にかかる水平面上の遠心力」、そしてそれに対して「ネックに与える向心力」です。

「遠心力」を生み出すには、単純に言えばスイングを真上から見たときに、ヘッドの軌道が円形になっていることが必要です(正円でなくてもいい)。つまり、**クラブが打ちたい方**

向に直線的に向かっていてはいけないということです。

「向心力」については、当初、力が向かう先をグリップと考えましたが、それでは理解が浅かった。「グリップをカラダに引きつける力を出しながら打つ」という向心力だけでは、まだうまくいかないのです。

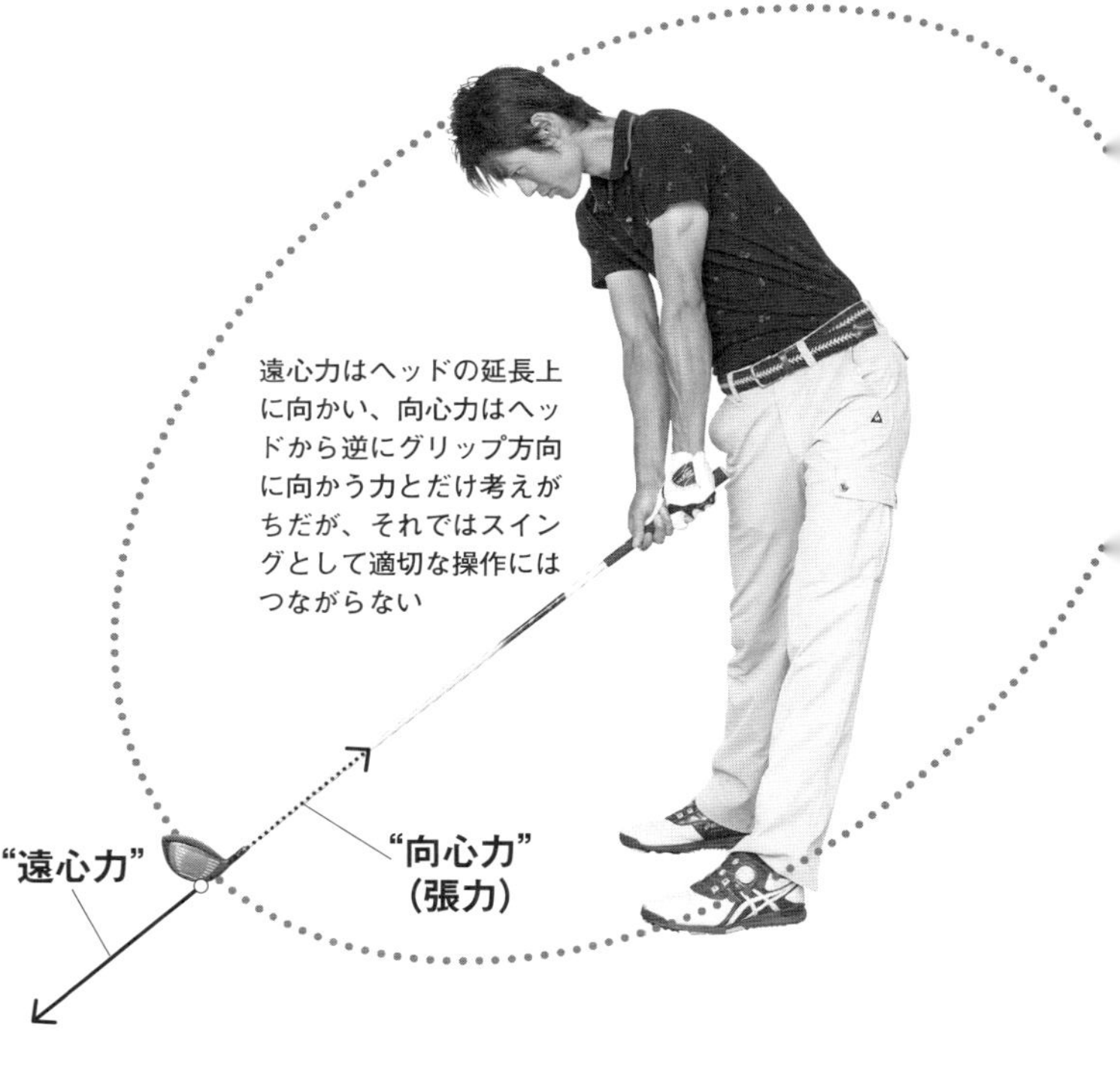

遠心力はヘッドの延長上に向かい、向心力はヘッドから逆にグリップ方向に向かう力とだけ考えがちだが、それではスイングとして適切な操作にはつながらない

遠心力を水平方向と垂直方向に分解すると、理屈が合ってくる②

「グリップをカラダに引きつける力を出しながら打つ」ではうまくいきませんでした。しかし、その反省を元に、「ネックに与える向心力」という発想に変えたときに、物理学のつじつまがピタリと合ってきました。それを説明しましょう。

まず、スイングにおけるクラブの動きは、斜めのスイングプレーンに沿った複雑なものですが、これを単純化して水平面上の動きとして考えることにしました。単純に言えばスイングを真上から見たときのヘッドの軌道として考えるのです。

円錐振り子の場合、遠心力は水平方向になります。重りの動く軌道の中心はひもの根本ではなく水平面上にあるからです。これをクラブの動きとして考えた場合、**ヘッドに働く水平面上の遠心力は、シャフトを上向きに浮かす力となります。そして、それに対抗しているのは、ネックを押しつける力**。これが「ネックに与える向心力」であり、インパクトでのフェースを規則的にターゲットに向けてくれる力となるのです。

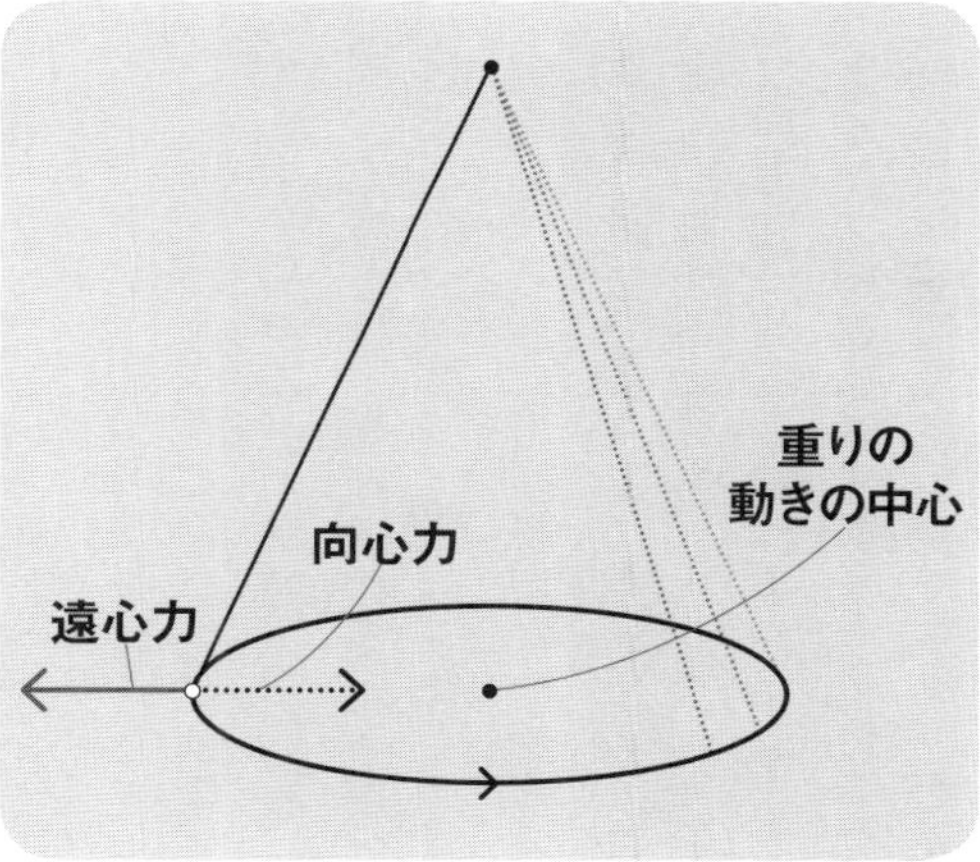

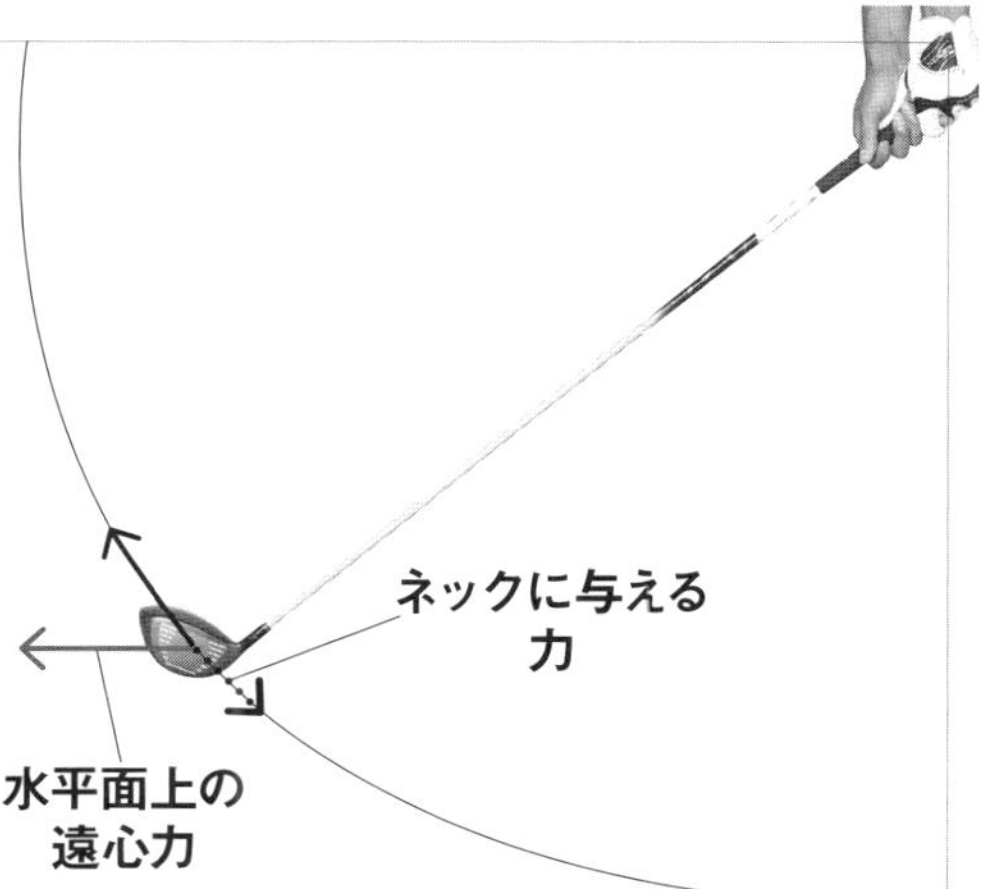

水平方向の遠心力は、シャフトを上向きに浮かす力となる。それを押しつける力をネックに与えることが必要。実際には、水平面上の動きとして単純化した際に考慮から外した垂直方向の要素、つまり重力もこれを担ってくれる

慣性を有効に使うことを考える

スイング系のスポーツ動作（体幹の回転を含む動き）と切っても切れないものが「慣性」です。慣性とは、物理学の表現を用いれば、「現状の運動を継続しようとする性質」のことを言います。

例をあげると、自転車がいったんスピードに乗ったら、風の抵抗や地面の傾斜、摩擦などのブレーキとなる力が加わらないかぎり、スピードも方向も永遠に維持されます。コマなどの回転する物体も、いったん回転を始めたら地面の摩擦や風の抵抗などがなければ永遠に同方向に回転し続けようとします。

スイング中にはさまざまな慣性の力が発生します。時にはクラブの慣性にカラダが引っ張られたり、慣性によってヘッドが思わぬ方向に向かおうとしたりします。こうしたさまざまな慣性が働く中でヘッド、そしてカラダをコントロールしていかなければなりません。「遠心力」も慣性によって生まれる外力のひとつです。グリップエンドを持ってクラブ

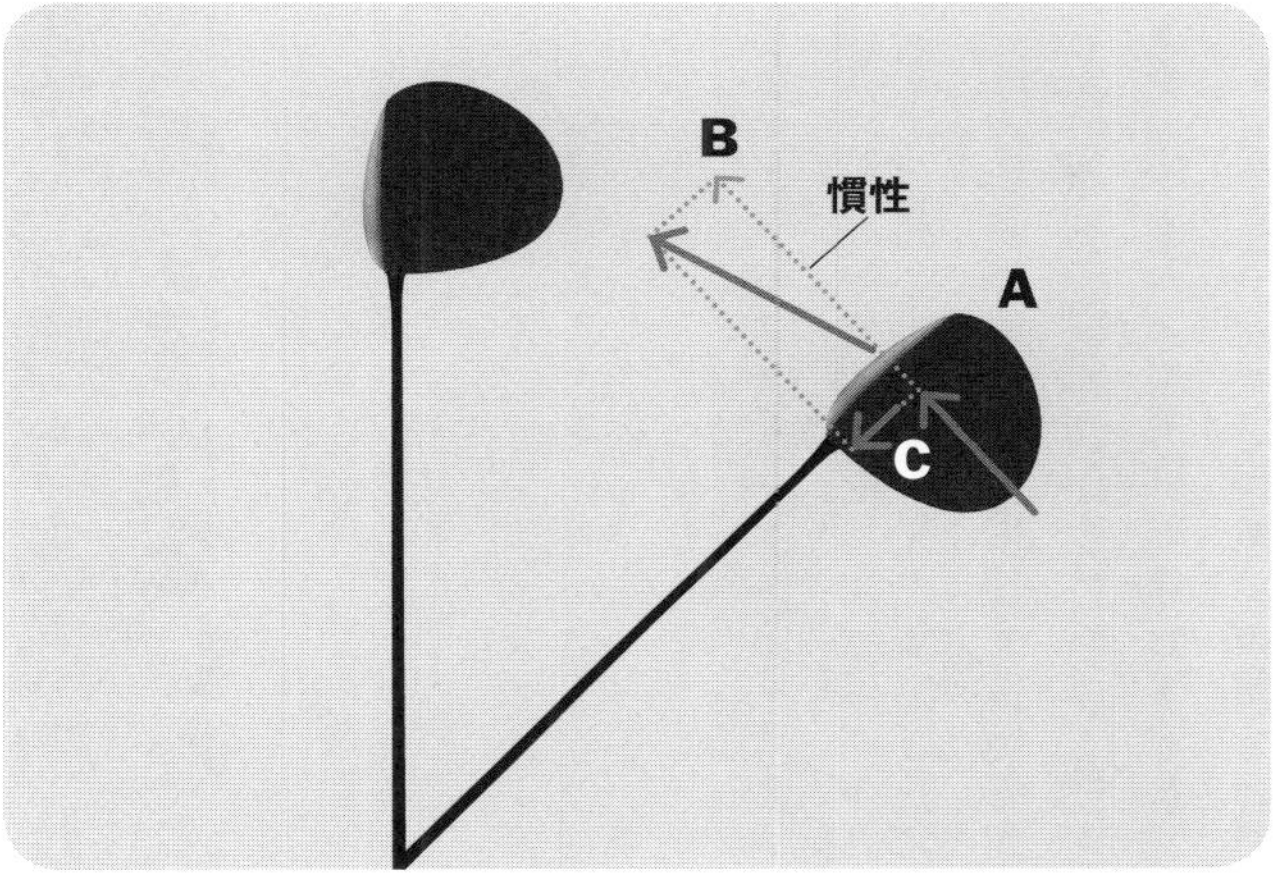

ダウンスイングのA地点で、もしシャフトからヘッドが切り離されると、ヘッドは慣性によりBの方向へ飛んでいこうとする。だが、シャフトと接続しているため向心力がCの方向に働き、BとCの力によって円軌道で下りてくる

をぐるぐる回したとすると、慣性に従えばヘッドは真っすぐ飛んで行こうとするはずですが、グリップエンドを回転軸の中心に引っ張る力＝「向心力」によって方向を変え続けることで円運動となっています。

そして**この慣性こそが、重心のズレたクラブという道具でボールを打つために必要不可欠なものであり、これをうまく使えないとフェースの開閉運動を大きく、かつ不規則にしてしまい、意図どおりに打てない原因となります。**

慣性を理解し、どのように使えばスクエアなインパクトを実現できるのか。これがゴルフスイング物理学の真髄となっていくものです。

重心深度があるゴルフクラブだから無理な操作をしなくてもフックが打てる

ゴルフのクラブと共通するのはホッケーのスティックだけと述べましたが、実際は相違点も大きく、そこからゴルフスイングというメカニズムの奥深さが生まれています。

ゴルフクラブが、ホッケーのスティックのような薄い1枚の板とさらに違っている部分は、「重心深度」が存在するということです。シャフトの延長線上からただL字に曲がっているだけでなく、斜めにずれてフェース面の後ろ側に重心がある、つまり重心角があるということがおもしろいポイントになるのです。

これが実はストレート、ないしドローボールを打つために必要な構造なのです。重心深度のないクラブを素直に使えば、基本的にスライス系のボールしか打つことはできません。

なぜなら、重心角がなければ、特別な操作をしないかぎりフェースはスクエアになってインパクトポイントに到達しますが、その際、スイング自体が水平面上で円運動を起こしている回転体であるため、回転する物体から別の物体が放たれるとすれば、ギア効果で反対方向の回転がかかります。つまり、右打ちであれば上から見て反時計回りに回転しているため、フェース面が回転軸から打点を結ぶ線の延長線上でインパクトすれば、ボールには時計回りの回転がかかるのです。

しかし、**重心角が存在することで少しだけフェースが左を向いてくれるため、ストレートやドローボールも出せるというメカニズムになっているのです。**

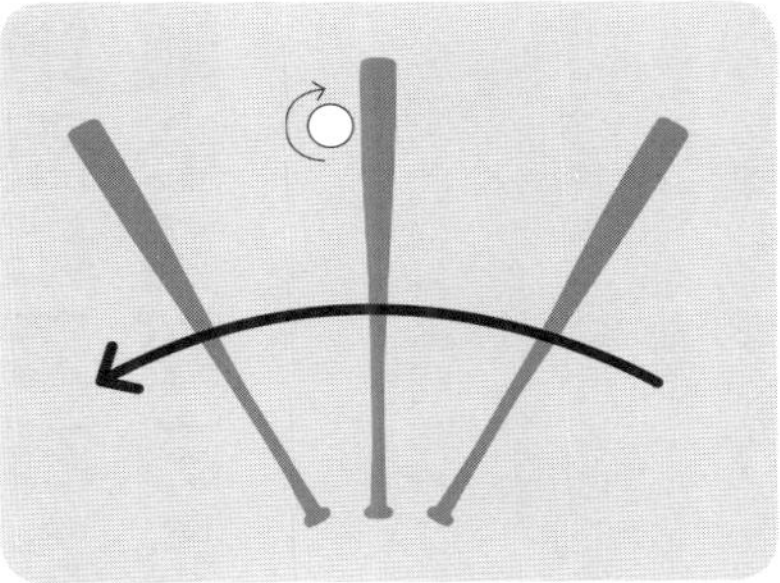

重心角がないのは、単純化すれば野球のバットと同じ。道具全体が（上から見たときに）反時計回りをしているため、インパクトではギア効果によってボールに時計回りの回転がかかる

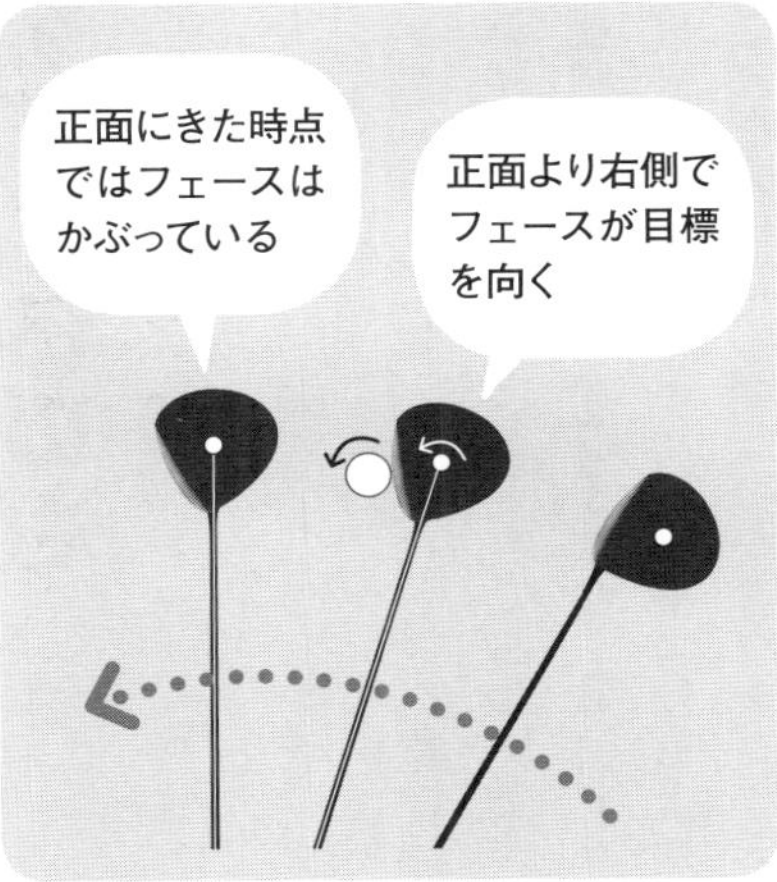
正面にきた時点ではフェースはかぶっている
正面より右側でフェースが目標を向く

重心角があると、重心がシャフトの延長上に動いてこようとするので、フェースが閉じてインパクトする。そのためストレートボールやフック回転もかけられるというメカニズムが働く

地面に落ちたボールを打てるのも重心角があるおかげ

ターゲットに向かって打つということのほかに、ゴルフには「地面に落ちたボールを打つ」という条件も加わります。もちろんティーアップしたボールであれば条件は変わりますが、基本的にはこの条件をクリアする運動でなければなりません。

地面に落ちたボールを打つということは、シンプルに言えば**水平よりも上からヘッドが入らなければならない**ということです。これを表現しているのがダウンブローという言葉です。逆にヘッドが下から入るのがアッパーブローということになりますが、地面に落ちているボールをアッパーブローで打つことは不可能です。

「ダウンブローで打ってください」と指示を与えてくれているのが、実はヘッドの重心角です。重心角が大きくなればなるほど、水平面上の遠心力を発生させながらスイングをした時に、フェースを左に向かせる力が働きます。フェースが左を向くということは、その分、インパクトポイントを右にズラしていかなければ引っ掛けてしまいます。上からスイングを見たとすると、インパクトポイントを右にズラせばボールをその分右に出すことができます。

スイングを正面から見ると、右にズラした分だけヘッドがダウンブローに入るようになっていきます。ヘッドが三角形の形状をしたアイアンの重心角は、ロフトが寝れば寝るほど、つまり短い番手になればなるほど重心角が大きくなっていきます。これが、短い番手になるにつれてボールを右に置いて打ちましょうというセオリーが生まれた理由になっているのですね。

少し話は逸れましたが、**重心角をクラブに持たせることによって、地面に落ちているボールを捕らえられる仕組みになっているのです。**

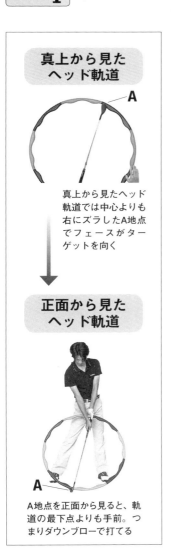

真上から見たヘッド軌道

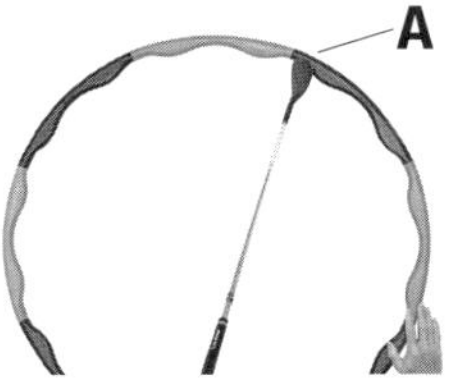

真上から見たヘッド軌道では中心よりも右にズラしたA地点でフェースがターゲットを向く

正面から見たヘッド軌道

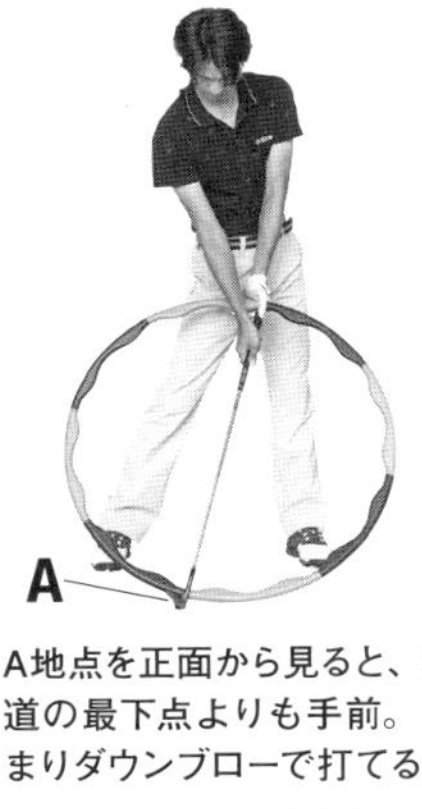

A地点を正面から見ると、軌道の最下点よりも手前。つまりダウンブローで打てる

究極は「ヘッドが走ってフェースの開閉が少ないスイング」

ゴルフの目的は、ボールを少ない打数でカップインすることです。つまり距離と方向性の精度の高さを同時に求められます。ヘッドスピードは基本的に飛距離への影響ばかり考えられますが、同じ距離を打つ場合でも、ヘッドスピードが速いほど短いクラブを持つことができます。短いクラブでグリーンを狙ったほうがボールは止まりやすく戦略的です。

コントロールという面で考えても、ヘッドスピードは速いほど有利なのです。

また、方向性を高めるために最も重要な要素は、「フェースの開閉を抑えること」です。インパクト周辺でのフェースの開閉が少ないほうが方向性が安定します。

つまり、求めるものは**「ヘッドが走ってフェースの開閉が少ないスイング」**なのです。この2つの大きな条件をクリアすることができれば、ゴルフという競技に対して有利なスイングを手に入れられると考えています。

フェースを開閉させてしまう力はどんな時に働いてしまうのか。逆にフェースの開閉を

抑制する力を物理的に理解してスイングに応用すること。それを徹底的に追求することによって、飛距離と方向性の両立というゴルファーの求めるものが得られるはずです。

そもそも道具の構造やさまざまな条件が複雑に絡み合うゴルフという競技の中で、ナイスショットが生まれるということは奇跡に近いものかもしれません。研ぎ澄まされた感覚を身につけるために何万球とボールを打ち続けるという努力が必要なことは誰もが理解しています。しかしその中でも、**物理的な条件を理解しているか、どこへ向かっていけば良いかというイメージができているかどうかによって、その何万球という努力の質が変わります。**何年も練習し続けているのに球筋が安定しないというのは、原理を理解せずにフェースの開閉が大きいスイングをつくる練習をしてしまっているせいなのかもしれません。

ゴルフスイング物理学が目指す究極のスイングである「ヘッドが走ってフェースの開閉が少ないスイング」とは何なのか。道具の構造を理解することによってその答えに近づきつつあると自負しています。

「テコによる加速」より都合のいい「慣性による加速」を使うべき①

ヘッドの加速を追求する中で、その方法には大きく分けて2つあることに気づきました。それが、「テコによる加速」と「慣性による加速」です。それらを分けて考えることで、飛距離と方向性を両立させることができる確信がもてたのです。

中学校の理科で習った「テコの原理」をおさらいすると、支点、力点、作用点の3つの点があり、ゴルフスイングにおいてもこのテコを使うことができます。左手が支点となった場合は右手が力点となり、右手を押すことで作用点のヘッドが動きます。右手が支点となった場合は左手が力点となり、左手を引くことでヘッドが動きます。その両方を使うこともできます。

後述しますが、**この加速の仕方では、フェースの開閉が急激かつタイミングが合わないと不規則となり、インパクトでフェース面をターゲットに向ける安定感は練習量で高くするしかありません。**

テコによる加速

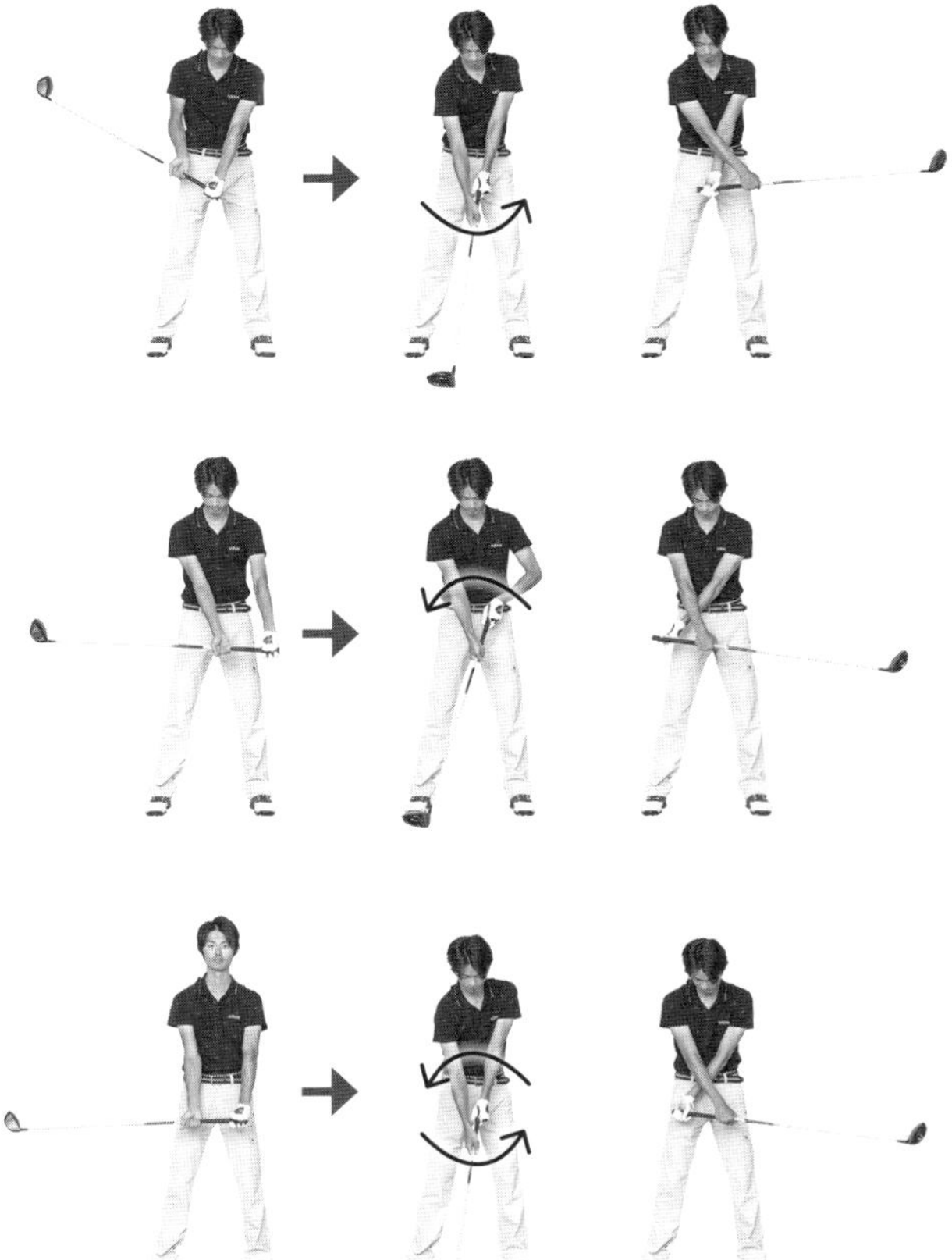

左手を支点として右手を押す（上）。右手を支点として左手を引く（中）。あるいは右手と左手の間を支点として、右手を押しながら左手を引く（下）。いずれもテコの原理で加速できる

「テコによる加速」より都合のいい「慣性による加速」を使うべき②

もうひとつの大きなヘッドを加速させる方法は、「慣性による加速」です。イメージしやすいのは車が急カーブを曲がろうとした時に、ハンドルを切り過ぎたがために車体がスピンしてしまう現象です。これをゴルフスイングに置き換えると、クラブ全体が車体、前輪がグリップエンド、車体後部がヘッドとなります。

クラブ全体のスピードを上げながら、グリップエンドをどんどんカーブさせて円を描くように動かすと、クラブが回転する力が働きます。これによってヘッドがよりスピードを上げて前に出てくるという加速のさせ方です。これが「慣性による加速」であり、ゴルフスイング物理学ではこの加速原理をメインに使えるようなカラダの使い方を追求しています。なぜなら、**「慣性による加速」こそが、「ヘッドが走ってフェースの開閉が少なく、なおかつ規則的になるスイング」をするために必要な加速原理**だからです。

究極のスイングを手に入れるために必要なものは、慣性の力を有効に使うということ。

これが、この本を執筆している現時点で最重要項目ととらえていることです。写真も交えながら、なるべくわかりやすく表現していこうと思います。

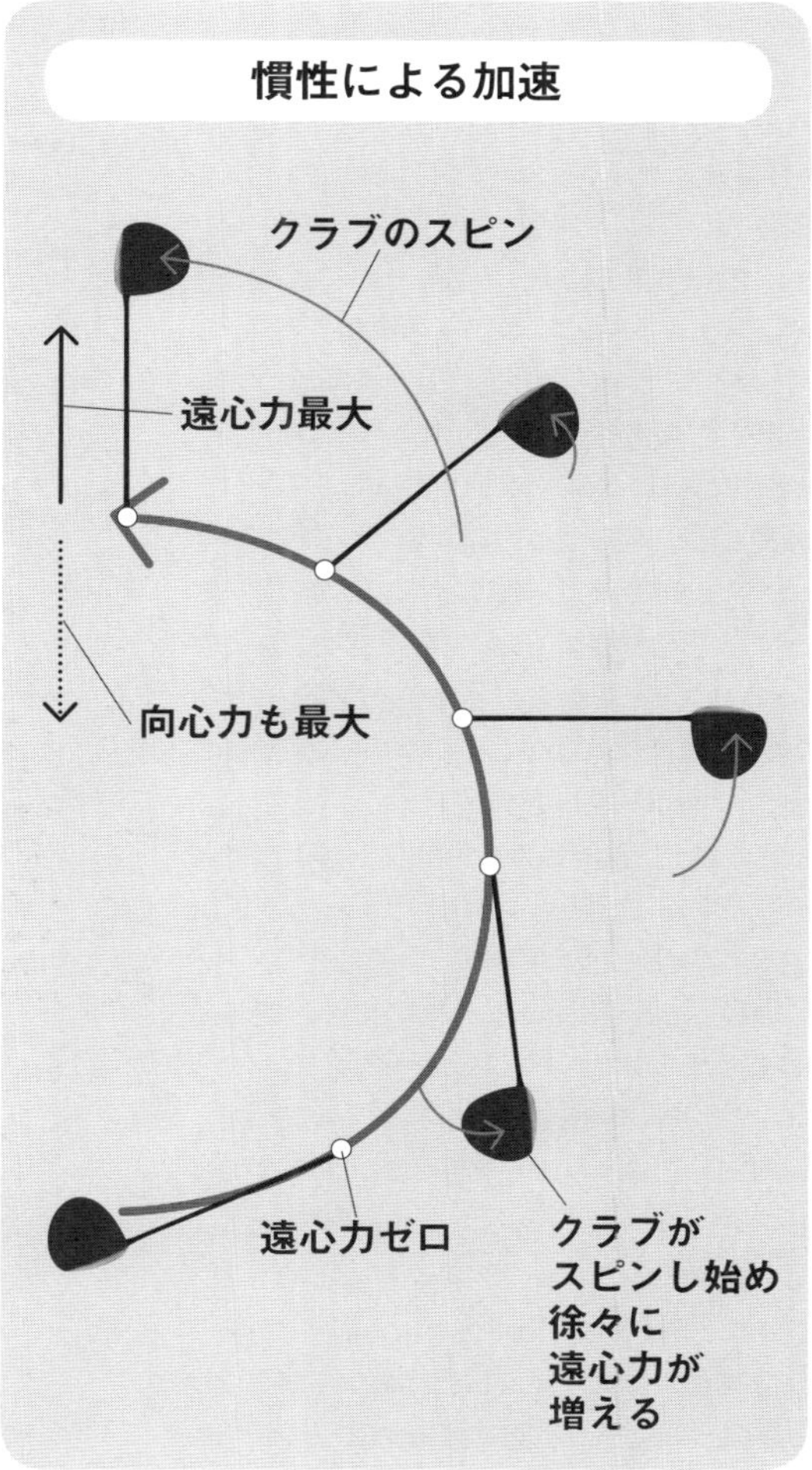

グリップエンドを支点にし、クラブ全体をスピンさせながらクラブ自体を円軌道で振り下ろすことで、慣性を使って加速できる

スライス要素とフック要素で打ち消し合えば良い

「ボールを真っすぐ打てるスイングをつくりたい」と願う場合、「スライスの要素」や「フックの要素」をひとつずつ消していけばいいのでしょうか。

私はゴルフはさまざまな意味で「帳尻合わせのスポーツだ」と考えています。スイングの中で「スライス要素」と「フック要素」をかけ合せることで、帳尻を合わせるスイングでもいいという考え方です。

「スライス要素」となりうるものを考えると、胸の向きの開き、スタンスの開き、手首の使い方によるフェースの開き、腕の動きによるヘッドのアウトイン軌道などなど、無限に要素が考えられます。「フック要素」はその逆と考えて良いのですが、ではこの「スライス要素」と「フック要素」がちょうどよくブレンドされたスイングからはどんなボールが出るのか。答えは「ストレートボール」です。

スタンスもちょうど良い、諸々のカラダの部位の向きがちょうど良い、つまり「全部ちょうど良い」というスイングを目指すのは至難の技です。どこかがカラダのクセによって「ちょうど良い」から逸脱した場合、その分を他の部位の要素で打ち消してあげる。そんなスイングづくりを行なっていくほうが現実的であり、カラダのクセも生かしていくことができます。

では、「ストレートに近いボール」を望むゴルファーにとって必要なことは何でしょうか。それは「スライス要素」と「フック要素」をたくさん知ることで、ちょうどよく打ち消し合う「引き出し」を増やすことではないでしょうか。

この引き出しを増やすということを念頭に置いて練習をしておけば、現場でいつもと違う感覚で弾道が狂った時に微調整する「修正能力」を高めておくことができます。こうすることで、よりレベルの高いゴルファーになっていけるのではないでしょうか。

ゴルフという競技特性と
その道具から
さかのぼって考える

PART 2

ゴルフスイング物理学
Physics of Golf Swing

重心がズレているのは毒か薬か

第1章でも述べましたが、ゴルフという競技に合わせたクラブの使い方ができないかぎり、いくら力の入りやすいカラダの使い方をしたとしても、それは意味のないことになってしまいます。まずはクラブの構造を考慮したうえで、どのようにクラブを扱わなければならないかを考えなければなりません。

クラブの最大の特徴は、なんといってもヘッドの重心がシャフトの延長線上からズレていることです。ネックのところで折れ曲り、ライ角を形成しています。ラケットやバットなどは、重心はもちろんシャフトの延長線上に位置していますから、いくら振っても捻じれの力がかかることはないため、ラケットの面を正面に向けることもある程度自由に、手首の向きを変えることでもコントロールすることができます。

しかし、クラブのフェースは簡単にはコントロールできません。胸の正面でクラブを持ち、フェースを目標の方向に向けた状態でクラブを左右に動かすと、クラブには捻じれの力が加わることになります。シャフトを伝ってネックの部分に対し、左に加速度を与えるとフェースは開き、右に加速度を与えるとフェースは閉じます。

つまり、**重心のズレたクラブ構造であるかぎり、インパクトの瞬間に左にネックを押してしまうとフェースが開いてスライスやプッシュ、減速させようとしてしまうとフェースが閉じてしまうフックやチーピンとなってしまうのです。**

テニスラケットや野球のバットと違い、ゴルフクラブはヘッドがL字に曲がった先に打点がある。しかも重心角もある。それらを考慮した操作方法を考える必要がある

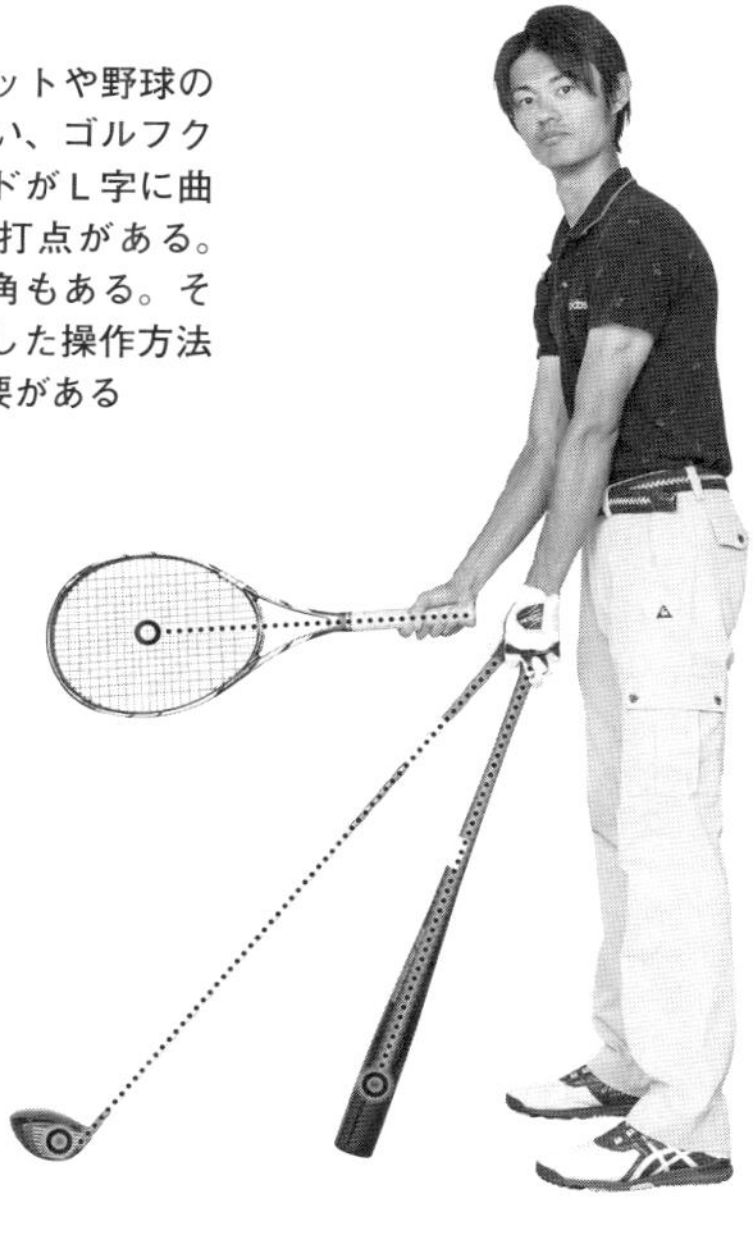

ラケットやバットを振る
感覚だと「シャフトを振
る＝ネック部分を押す」
ことになってしまう

ネック部分を真っすぐ目標へ向かって押すと、重心位置がズレているため、フェースが開いてしまう

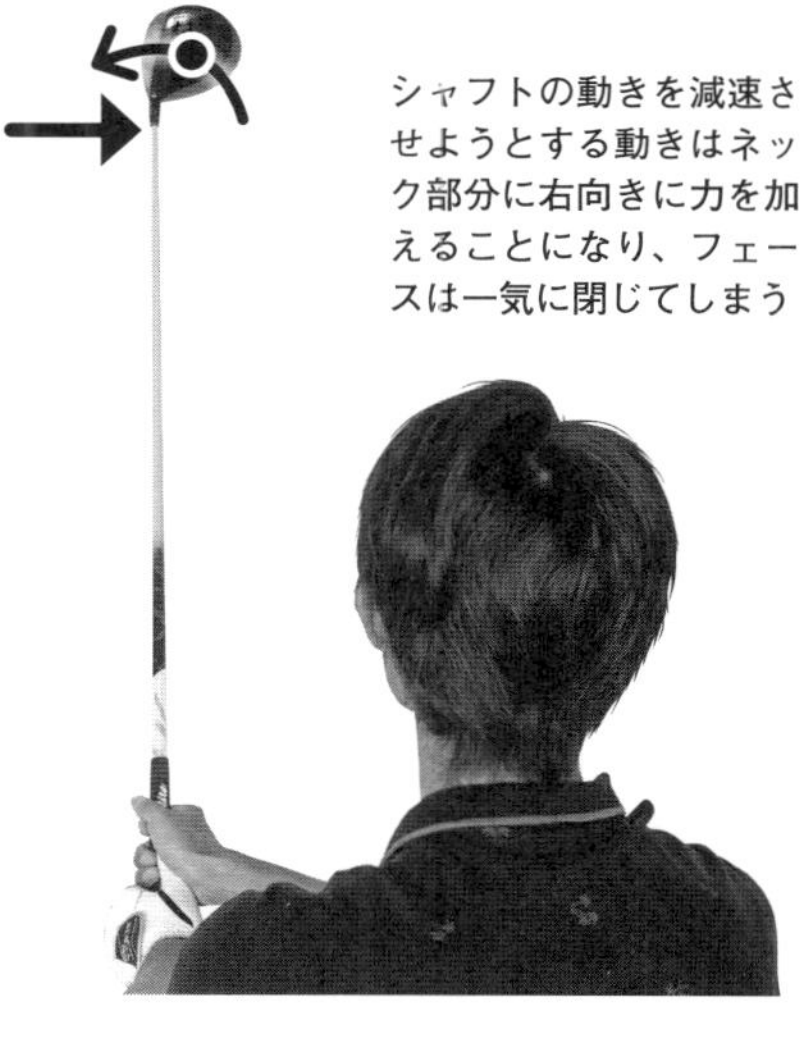

シャフトの動きを減速させようとする動きはネック部分に右向きに力を加えることになり、フェースは一気に閉じてしまう

遠心力をつくれば ヘッドの重心が外に引っ張られる

ネックを左に押すかぎり、クラブの構造はスイングにとって毒ということになってしまいます。しかし、「遠心力」を上手に使うクラブの動かし方ができれば、手でフェースをコントロールするのではなく、**「勝手にフェースが目標を向く」**という状態に持っていくことができるのです。

遠心力とは、物体が曲線を描いて運動している時に、その曲線の外の方向にかかる力のことです。スピードが速ければ速いほど、そしてカーブが急であれば急であるほど、この力は大きくなります。

スイングを上から見ると、ヘッドが描く軌道は円ではなく、カラダの正面より少し左側で鋭くカーブするような軌道になっています。この鋭くカーブするポイントの近くで、**カーブの外へ、つまり遠心力の方向にヘッドの重心が向くように力が働きます。通常、重心はフェース面よりも後ろにありますから、その力を利用すれば自然とカラダの正面近く**

で、フェース面としてはいわゆる〝返った〟状態になるわけです。

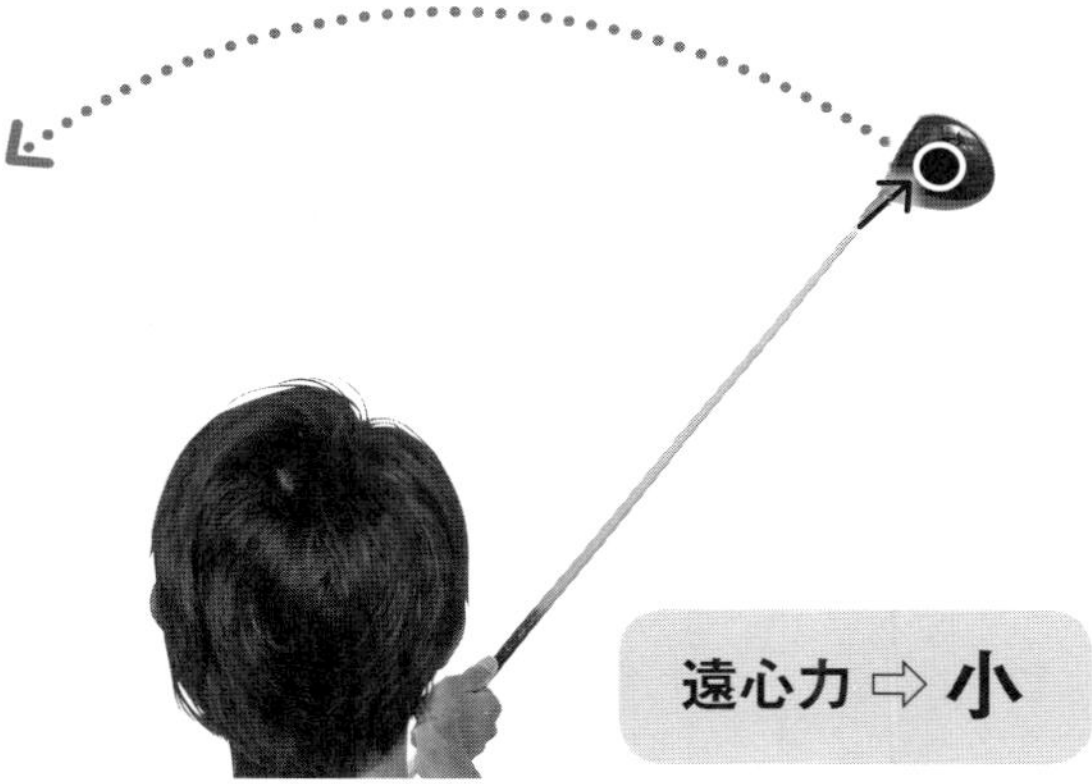

カラダの正面より右側では慣性による加速によって遠心力がどんどん大きくなりつつある段階。ここでも遠心力の方向にヘッドの重心は引っ張られている

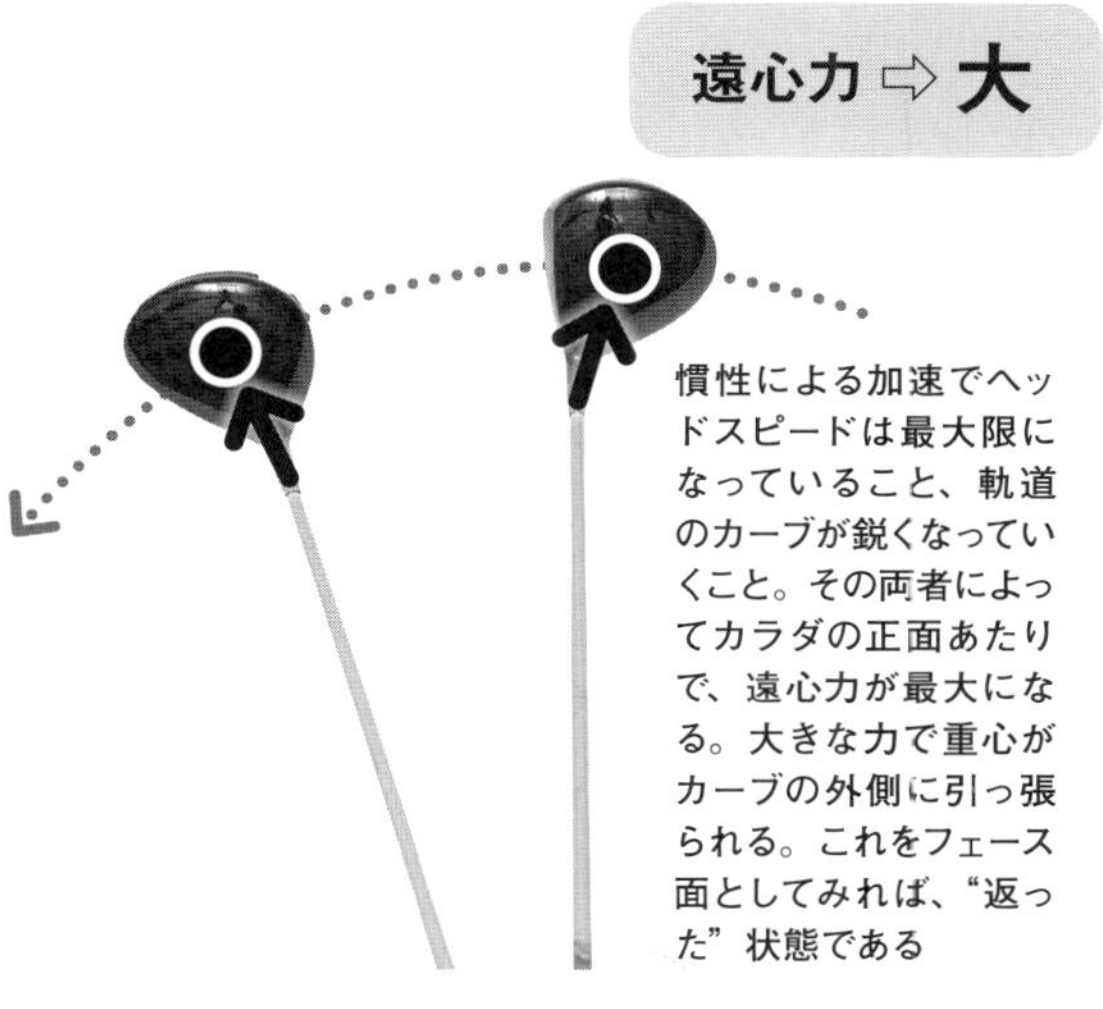

慣性による加速でヘッドスピードは最大限になっていること、軌道のカーブが鋭くなっていくこと。その両者によってカラダの正面あたりで、遠心力が最大になる。大きな力で重心がカーブの外側に引っ張られる。これをフェース面としてみれば、“返った”状態である

軌道が正しければ遠心力でフェースは目標を向く

円軌道で振り、遠心力が働くことを使ってフェースをコントロールすることができれば、手でコントロールするよりももっと大きな力で、自動的になおかつ規則的にフェースの向きを決められることになります。

逆に言えば、スイング軌道が正しいものでない場合、大きな力でフェースは思っている方向とは違う方向に向けられてしまうため、いくら手先で無理やりフェースの向きをコントロールしようとしたところで、太刀打ちできないのです。

つまり、フェースのコントロールというのは、上から見たヘッドの軌道を正しいものにするということが最優先事項ということになります。

上から見たヘッドの軌道をイメージし、それをカラダで表現できるように練習し、動きづくりを行なうことによって、遠心力を有効に使った再現性の高いスイングを身につけることができます。

フェースのコントロールが自動化されたスイングほど再現性の高いものはありません。重心がズレているという特性をフル活用することで、重心がシャフトの延長線上にある道具を使った場合よりも、もっと高いショットの精度を手に入れることができるのです。

上から見たヘッドの軌道が円であれば、重心が遠心力の方向に引っ張られ、フェースが返る

遠心力が最大になるポイント＝「最長点」

スイングを上から見たヘッドの軌道において、カラダの正面より少し左側で鋭くカーブするポイントがあります。ここで腕とシャフトが一番伸びて直線に近い状態となり、スイングの軸からヘッドが一番遠くなります。ここを「最長点」と呼ぶことにします。

この最長点では、慣性による加速によってヘッドスピードが最も上がり、そしてカーブが鋭くなるため、遠心力も最大となります。この最長点付近でヘッドの重心を外に向けようとする遠心力も最大となるため、フェースの向きもその影響を最も受けやすいポイントとなります。

最長点ではヘッドの重心が遠心力の方向に引っ張られ、それによってフェースの向きも決まるということです。

この最長点の位置をコントロールすることによって、フェースの向きをコントロールしていくと考えられると、スイングづくりはとてもシンプルになります。

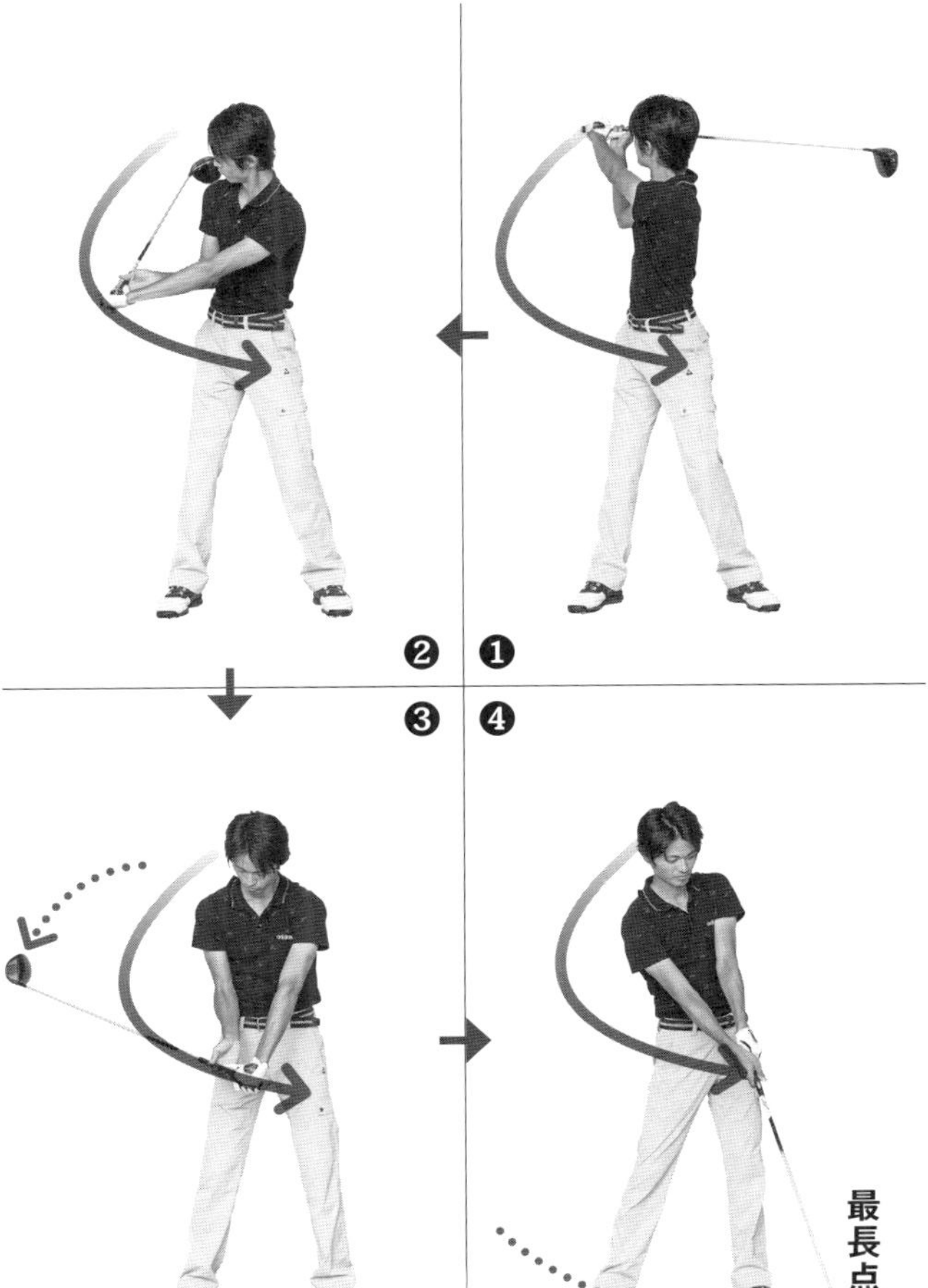

グリップエンドがトップからインパクトまで円を描いて戻ってくる間に、クラブ全体が回転し、カラダの正面より少し左側で左腕とクラブが一直線になる。そこが最長点

軌道の最長点は振り方によってコントロールできる

最長点は、軌道を上から見た時の要素ですが、よく似た、そしてよくご存じの要素が、最下点です。これはスイングをカラダの正面や背後から見たとき、つまり垂直面でのヘッドの軌道において、最も低い位置です。

最下点については回転軸との関係ではなく、地球との関係です。つまり、最下点と最長点は「何に対してか」という前提が違うので、同一ではありません。もちろん、一致する可能性もありますが、ほとんどのケースでは一致しません。

そして両者の最大の違いは、**最長点は、自分の動き方によって大きく変えられる、ということ。カラダの向き（軸の傾け方）によってインパクトの前にもできますし、後にもできます。**

つまり、軸を右に傾けてカラダの向きを右にすれば、最長点も右にズレます。軸を左に傾けてカラダの向きを左にすれば、最長点も左にズレるのです。

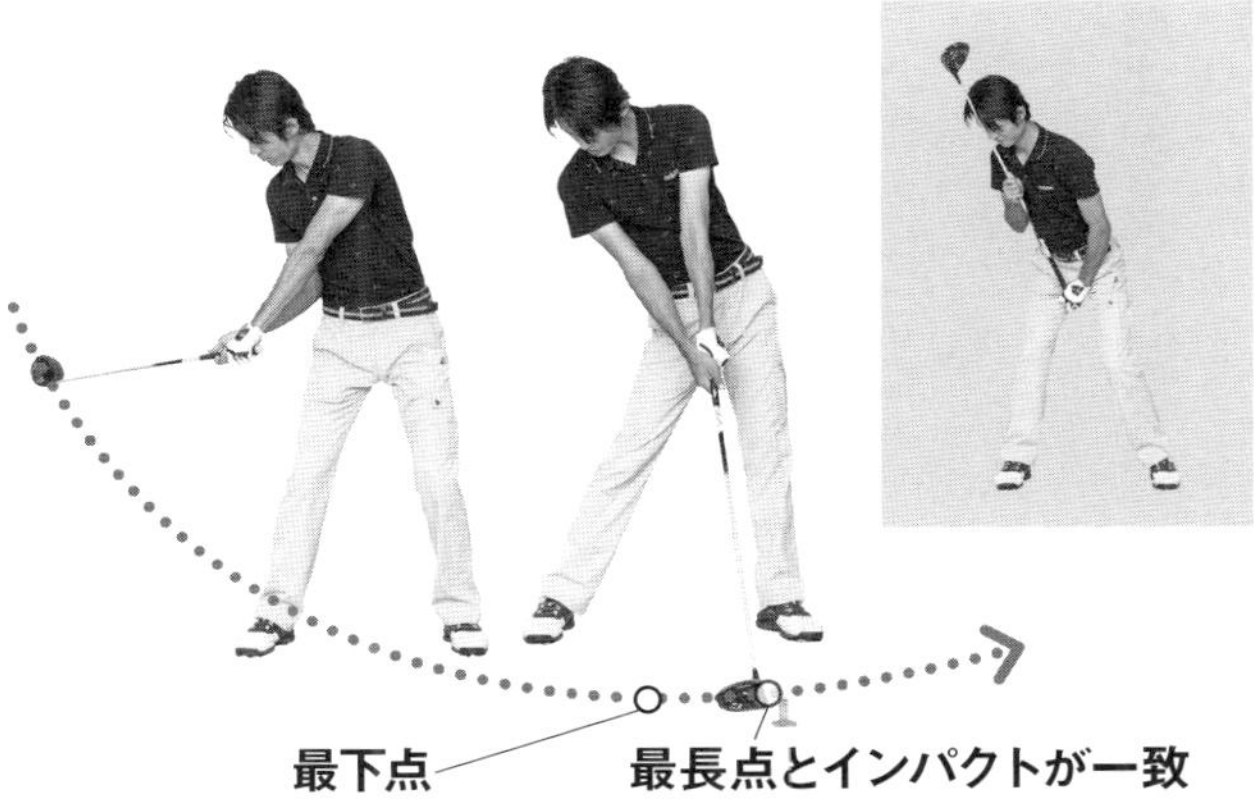

軸を右に傾けてカラダの向きも右にすれば、最長点はカラダの正面に近くなり、インパクトと一致させることも可能。この場合、フェースは閉じてインパクトする

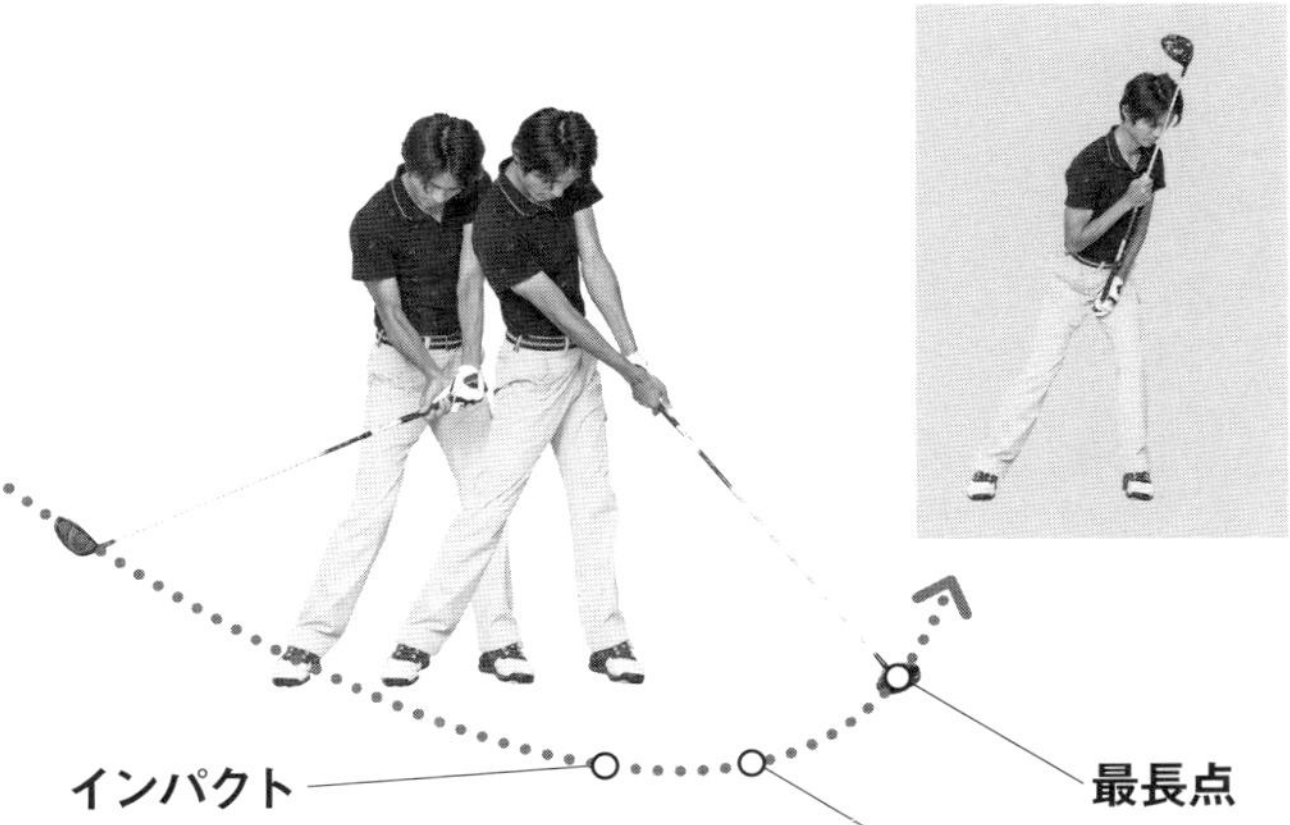

軸を左に傾けてカラダの向きも左にすれば、最長点はカラダの正面から左にズレる

ネックを上から押さえる力でフェースは目標を向く

フェースをスクエアにするためには、ネックを水平面上の円の中心に引っ張る方向の向心力が必要でした。

パート1で円錐振り子として説明しましたが、さらに詳しく解説しましょう。ヒモの先を持ち、重りが水平に回転するように動かします。この時、重りが描いている円の中心はヒモを持っている指先ではなく、重りが円運動をしている平面上となります。そのため遠心力はこの点と重りを結んだ線の延長線の方向（水平方向）となり、向心力もその線上になります。つまり、遠心力も向心力も、方向はヒモの延長線上ではないということになります。

クラブでこの運動をやってみるとどうなるか。**ヘッドにかかる遠心力はシャフトの延長線上の方向ではなく、ヘッドが描いている水平面上の円の外側に向かって発生するため、向心力はネックを水平面上の円の中心に向かう方向に働く**のです。

人が両手でシャフトを持ってこの運動をさせるという条件でこれを考えると、**水平面上の遠心力が生まれることでヘッドは浮き上がっていこうとします。その中でボールに当てるためには、ヘッドが浮いてくる力を押さえつける力を、ネックにかけることが必要になり、その力でフェースは安定的に前を向く（重心角の分だけ左を向く）ということになります。**これがパート1で「ネックに与える向心力」と表現した要素です。

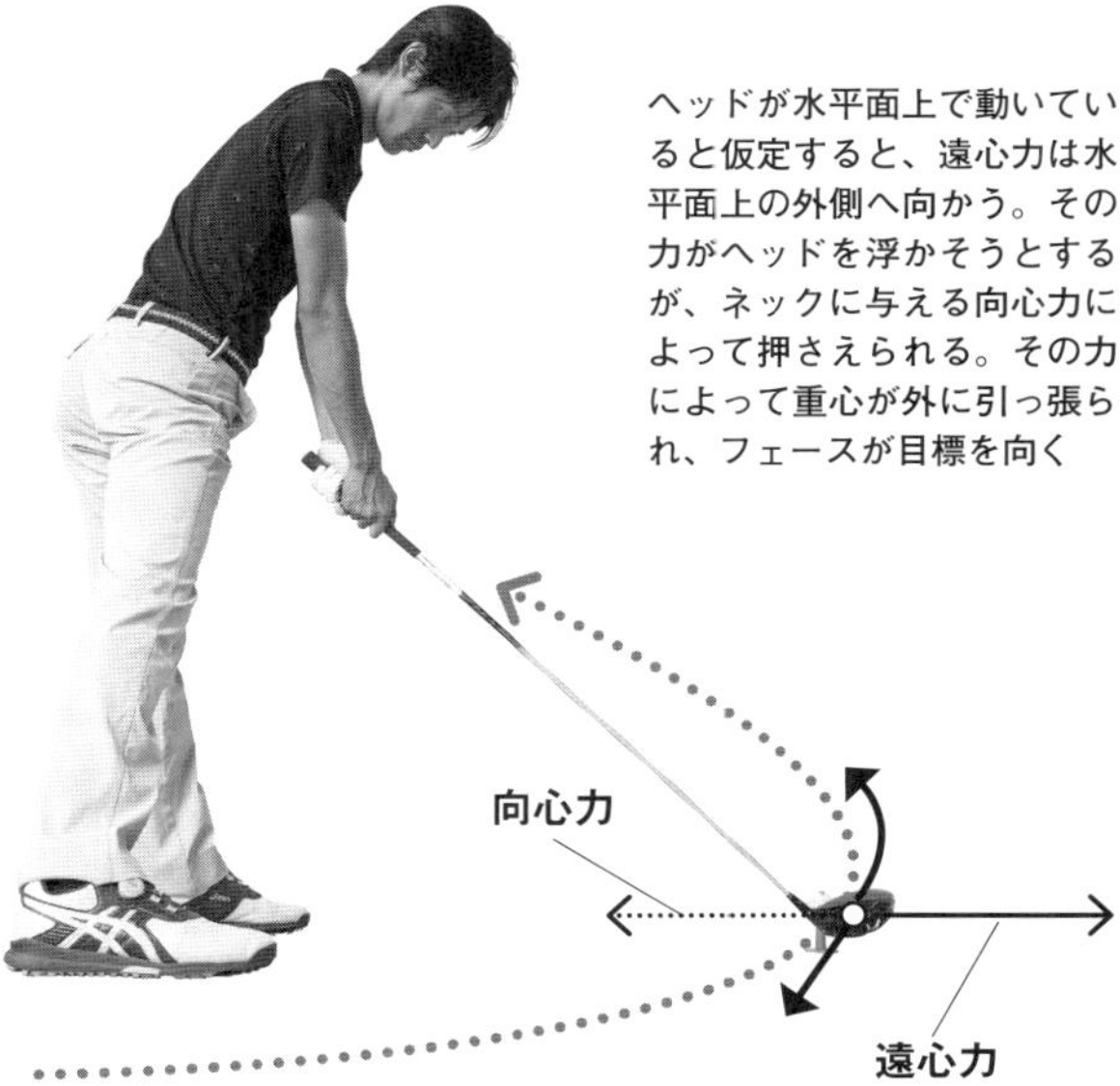

ヘッドが水平面上で動いていると仮定すると、遠心力は水平面上の外側へ向かう。その力がヘッドを浮かそうとするが、ネックに与える向心力によって押さえられる。その力によって重心が外に引っ張られ、フェースが目標を向く

カラダの機能を考えればダウンスイングは水平面上の動きに近くなる

ここで問題があります。

「単純化して、ヘッドの動きを水平面上の動きとして考えた場合はそうかもしれないが、実際のスイングではスイングプレーンは斜めなのだから、同じには考えられないのではないか」ということです。

しかし、クラブの構造に対してだけでなく、**カラダの構造や機能にとっても理にかなった動きをしようとすると、ダウンスイングでのクラ**

ブの動きは、かぎりなく水平面上の動きに近づいていきます。その点については、パート3と4で詳しく説明します。

つまり、単純化してヘッドの動きを水平面上の動きとして説明してきましたが、実際につくっていくスイングでもヘッドの動きは水平面上の動きに近く、ここまで説明してきたように、ネックに向心力を与えることで、遠心力によってフェースが目標を向く動きの原理は当てはまるのです。

カラダの構造にとって理にかなった動きを追求していくと、ダウンスイングでのヘッドの動きは、かぎりなく水平面上の動きに近づいていく

重心角の大きさに合わせて最長点からの距離で調整する①

ヘッドの重心の位置によって、スイングの最長点に向かっていくヘッドの向きはある程度支配されます。**重心角が大きいヘッドは、その分最長点においてフェースが左を向いていきます**。つまりまったく同じスイングでも、重心角の違うヘッドのクラブを使うと、それだけで出球が左になったり右になったり、弾道もスライスになったり、フックになったりしてしまうということです。

狙ったところに打つためには、クラブの性質に合わせて対応する必要があるということになります。シンプルな対策としては、出球の方向、打球の曲がり方の傾向に合わせて、スイング方向を変えておくこともあげられますが、**ひとつの考え方として、最長点とボールの距離を変えることによる調整をここでは触れておきます**。

最長点を変えずにボールを置く位置を変える。つまり最長点からインパクトの距離を変えるのです。この距離を長くすればするほどボールは右に出やすく、つまりフェースが左を向きやすいウエッジなどの短いクラブの打ち方に適しています。逆にフェースがあまり左を向かないロングアイアンなどの場合は、最長点の近く、つまりボールをやや左に置くことで調整できると考えられます。

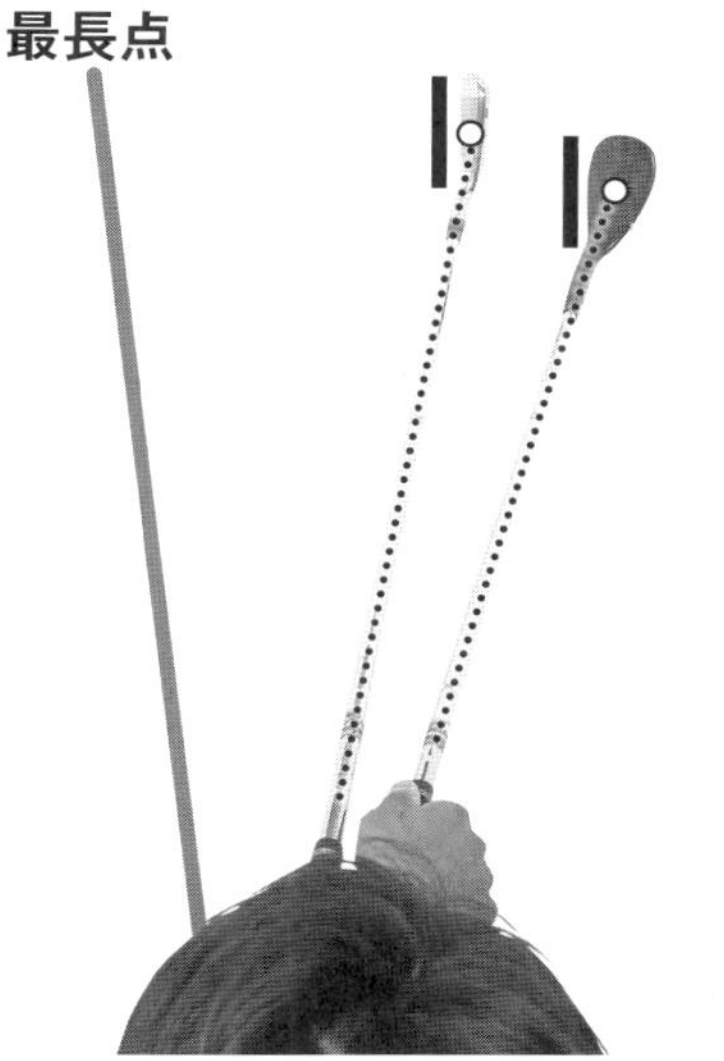

アイアンの場合、ロフトが大きいほど重心が深くなるため、最長点でフェースが左を向く度合いが大きくなる。フェースがちょうどターゲットを向く位置まで軌道上を“巻き戻す”と位置がこれだけ変わる。つまりこれがアイアンは番手ごとにボールの位置が変わることの説明でもある

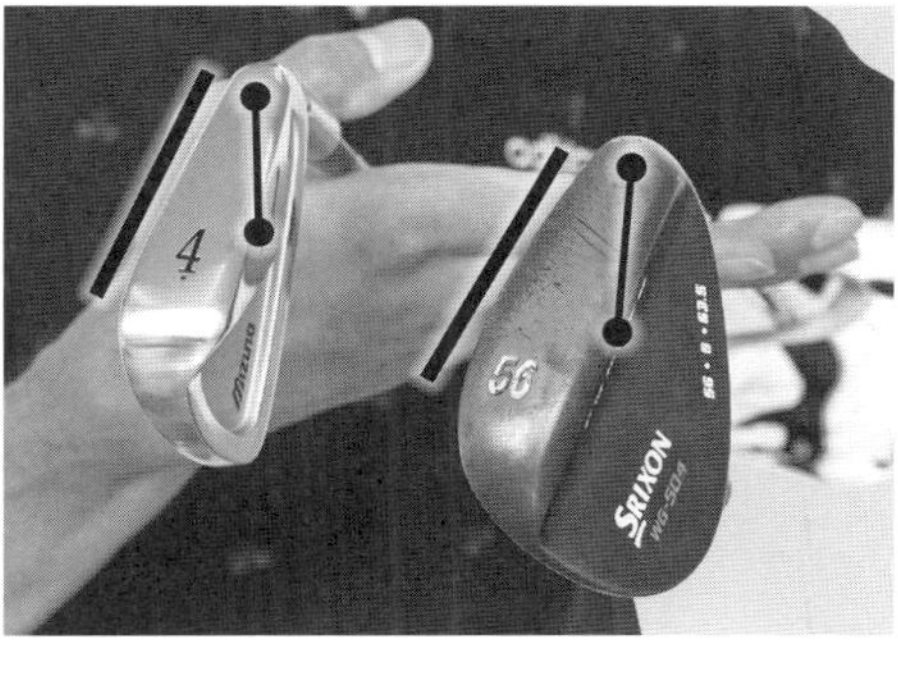

重心角の大きさに合わせて最長点からの距離で調整する②

とくに意識をせずにスイングをした時に、一番「ビュン」という風を切る音が大きくなるポイントを最長点と考えていただければシンプルです。

そのポイントを、左足の前にもってきたり、少しカラダの真ん中に寄せてみたりと、調整する練習をしていきます。たとえばスイング中に胸を右に向けたままスイングするように意識するだけでも、最長点は右にズレます。

ヒザの使い方、骨盤の向き、胸の向き、腕の使い方など、さまざまな要素が絡み合って最長点の位置は決まりますので、いろいろな方法を自分なりに試してみていただけると良いかと思います。

つまり、**番手ごとのヘッドの重心角に応じて、それぞれナイスショットになる最長点の位置というものを調整しながらスイングすることが大切なのです。**

ロフトの大きな番手は重心角が大きいため、最長点でフェースが左を向く度合いが大きい。そのため最長点をボールよりも左にすると、ボールの位置ではフェースが左を向き過ぎなくなる

○— 最長点

ロフトの小さなアイアンは重心角が小さいため、最長点でフェースが左を向く度合いが小さい。そのため、最長点をボールに近づける

○— 最長点

重心角の大きいヘッドは左に振り抜いてフェード

さらに重心角の大きなドライバーのようなヘッドではどのようなスイングが適しているでしょうか。重心角が大きいということは、最長点ではフェースは大きく左を向くことになります。つまり、最長点でインパクトするスイングをするとヒッカケやフックの傾向が強く出てしまいます。

つまり、**最長点をその分だけ左に寄せたスイングをしなければならないということになります。少しだけカラダを開いて打ったり、手を下ろしてくる位置を自分から見て少し左にしてみたり、といった具合に調整をします。**

全体的なスイング方向が目標の左に向かう（アウトサイド・イン軌道）中で、フェースがそれほど開くことなくインパクトに向かうスイングになりますので、結果的には出球が左のフェードボールが出やすいスイングになっていく可能性が高いです（ボールの位置などによってドローを打つことも可能です）。

コースに対応するプレーを選ぶという観点でのスイング戦略として考えてみると、遠心力が最大となる最長点に到達する前の段階であり、フェースローテーションが激しくない位置でのインパクトになりますので、比較的方向性が安定しやすいスイングと考えられます。デメリットとしては、ヘッドスピードが速くなる最長点より少し手前でインパクトするため、飛距離面では若干不利になってしまいます。

重心角の大きなクラブは最長点を左にする。フェースの開閉の動きがおだやかな段階でインパクトするため、方向性を安定させやすいことにもつながる

重心角の小さいヘッドは最長点で捕らえてドロー

次に重心角の小さいヘッドでのスイング戦略の例を解説します。重心角が小さいということは、水平面上での遠心力の方向とフェースの向きが平行に近くなります。最長点に近いところでインパクトすることでフェースが安定的にスクエアに向こうとするヘッドということになりますので、スイング方向をそれに合わせて、インパクトの位置と最長点を近づけなければなりません。

仮に最長点のかなり手前でインパクトしてしまうと、重心角が大きいヘッドと比べるとフェースは大きく右を向いてしまいますので、右へのプッシュアウトやスライスとなります。

マッスルバックやそれに近いロングアイアンは重心角が非常に小さいため、つかまりにくさを感じると思います。こういうクラブは右にボールが出やすいため、それを怖がって左に意識がいくと、スイングの向きが目標の左＝アウトサイド・インになって最長点を左にずらすことになり、インパクトではフェースがさらに開いた状態となるため、結果的にもっとスライスを助長してしまうというミスもありがちです。

重心角の小さいヘッドはスイング方向を目標の右にイメージして最長点を右にズラし、最長点の近く（もしくは最長点の後）でインパクトできるようにすることで、ヘッドスピードの上がったところで、フェースがより左を向いた状態でインパクトさせ、ドローボールを打つことに適していると考えられます。なおかつ、この位置でインパクトすれば上から下へ入る軌道（ダウンブロー）でありながら、ロフトを立てすぎない状態で打ち出せるため、高弾道かつスピン量の少ない弾道にもなります。

最長点を右にズラすと、ボールの位置ではフェースが返った状態になる。ためすぎず適度なダウンブローで打てるので、高弾道、低スピンの弾道になる

テコは諸刃の剣 〜加速度でフェースが開閉してしまう〜

ヘッドスピードの上げ方には2種類あるとパート1で紹介しました。

多くの人がヘッドスピードを上げようとして、左手と右手で支点と力点をつくり、テコを使ってネックに力を加えてしまいがちなのですが、ゴルフではこれが致命傷となります。「左手を引きながら右手を押し込む」「左手を止めながら右手を押し込む」「右手を止めながら左手を引っ張る」。これらはすべて、テコを使ってネックに力を加えることになります。

テコを使ってネックに力を加えるとなぜ致命傷になってしまうかと言うと、ネックに対して前後の加速度を与えてしまうと、それがフェースの大きな開閉運動を引き起こしてしまい、フェースがスクエアになる時間が限りなく短く、ボールを捕らえることができる「ゾーン」が「点」になってしまうからです。

ほんの少しでもタイミングがずれると大きくスライスしたり、フックしたりしてしまう

という博打的スイングになってしまいます。

いわゆる「手打ち」と呼ばれるスイングの多くは、このテコを使った加速を助長する場合が多く、振り遅れが改善されて短期的にスイングが良くなったように感じることも多いのですが、最終的にはテコの要素が少ないスイングを目指して、どれだけ体幹をメインに使った動作でクラブ軌道をコントロールしていけるかどうかがカギとなります。

タイミングが合えば

タイミングが遅いと

タイミングが早いと

テコの原理で加速するメカニズムでスイングするとタイミング勝負の博打的プレーになってしまう

02

道具とミスを打ち消し合えば良い

ゴルフのおもしろいところは、全員がまったく同じ道具を使わなくて良いところにもあります。規定は当然ありますが、シャフトもヘッドも、基本的には自分で選択して自分のスイング動作やゴルフの戦略に合わせて使うことができます。

「カラダのクセに合わせたアドレスや動作で帳尻を合わせる」ことを述べました（170ページ）が、それでも帳尻が合わないことが多々あります。たとえばヘッドがアウトから入ってスライス系のボールしか打てないというカラダのクセをもっていて、スイング動作ではどうしようにも帳尻が合わないケース。肩の可動域が極端に狭い場合に起こりやすい状態です。

そのような状態であれば、アウトから入ってもスライスにならず、ほどよいフェードボールにしてくれるクラブを探せば帳尻を合わせることができます。

こうした帳尻合わせをするためには、まず自分のスイングが左に出やすいのか、右に出やすいのか。その原因がタイミングの問題なのかフェースの向きの問題なのか。そしてどんな性質のクラブだとヘッドがどういうふうに動いてくるのか。シャフトの性質やクラブ全体の重さ、バランスによる変化をいろいろと試しながら知っていく必要があります。

この試行錯誤をしていくうえで大切なことは、自分がどういうスイングをしたいかということを明確にしておくことです。現状アウトから入ってスライスするスイングに悩んでいるとして、今後そのスイングを直すことでストレートないしドローボールを打てるようにもしていきたいのか。そのスイングを直すことなく、左からのほどよいフェードが打てるクラブを探すのか。現状に合った道具を使うのか、将来的にクセが改善されたスイングに合うであろうクラブを使って矯正していくのか。きっちりと選択していけるようになることも大切です。

クラブの使い方に合わせた手と腕の使い方

PART 3

ゴルフスイング 物理学
Physics of Golf Swing

アマチュアは「右手の使い方＝クラブの扱い方」から考える

スポーツ界では「体幹」の重要性が注目され、ゴルフでも体幹の動きを重視する選手、指導者が増えてきました。腕を振る、クラブを振る、その根本にある体幹が安定していること、正しく動くことが重要であることは間違いありません。しかし、あえて今回は右手の使い方を中心に解説し、そこに体幹の動きを合わせていくという順序を踏ませていただきます。

なぜなら、体幹の動きは意識することが感覚的にむずかしいからです。

幼い頃からクラブを振ることに慣れてきたプロにとっては、改めて体幹を意識することによるメリットは大きいのですが、**大人になってからクラブを扱い始めた大半のアマチュアゴルファーにとっては、それよりも先に右手を主体にクラブの扱い方を習得し、それに合った体幹の使い方を認識していくほうが、クラブの重さ、慣性の力を有効に使えるようになる近道である**と考えているからです。

まずは右手、右の手首、右腕など、クラブに近い利き手側の関節が、クラブの動きにどう影響を与えるかというところから解説していきます。

カラダの動きを構造と機能に沿って理想化したとしても、先端が折れ曲がって重心がズレている道具を扱う際、クラブの挙動によってイメージどおりにカラダを動かすことができなくなっている場合も多い

クラブを直接動かす右手の動きから考えるほうが、目的に合った動きをつくるための近道となる

フェースの開閉は「掌屈《しょうくつ》–背屈《はいくつ》」と連動する

クラブのおもな動きと手首の動作の関係性を見てみましょう。

ボールの行方に最も大きな影響を与えるのが、フェースの向きです。ヘッドの軌道に対してフェースが開けばスライス、フェースが閉じればフック。それぞれ出球もフェースが開けば右、フェースが閉じれば左にと影響を与えます。

では、フェースの向きに影響を与える手首の動きはどんな動きでしょうか。それが「掌屈」と「背屈」です。「掌屈」というのは手首を掌（てのひら）側に折る動きで、「背屈」はその反対で手首を甲側に反らす動きとなります。

前腕とシャフトに角度をつけてクラブを持った状態では、右手を掌屈させるとフェースが開き、背屈させるとフェースが閉じます。スライスやシャンクなど、フェースの開きが原因で起こるミスが多いゴルファーに見られる動きが、バックスイングからトップにかけて、右手首が掌屈していく動きです。トップで右手首が掌屈してフェースが大きく開いてしまうと、そこからインパクトまでにフェースの向きを戻すことが困難になり、アプローチでもシャンクが出てしまったりします。

右手首を手のひら側に折る（掌屈）とフェースは開く

右手首を手の甲側に折る（背屈）とフェースは閉じる

シャフトの開閉は「回内《かいない》―回外《かいがい》」と連動する

フェースの開閉とごちゃごちゃになってしまいがちなのが、シャフトの開閉です。一般的な用語ではありませんが、ここでは**グリップを中心にヘッドが公転する運動をシャフトの開閉と定義して話を進めます。ヘッドスピードとはヘッドの公転速度であり、シャフトの開閉の速さであると考えることができます。**

「タメがあるスイング」と表現されるものは、シャフトの開閉がスイングの後期で起こるスイングであり、「アーリー・リリース」や「タメのないスイング」と表現されるものは、シャフトの開閉が早期に起こるスイングであると考えると理解しやすいでしょう。

当然、インパクトの直前から一気にシャフトが閉じていくほうがインパクト周辺の公転が速いということになり、「タメがあるスイング」のほうがインパクト時のヘッドスピードは高まりやすいと考えられます。

このシャフトの開閉は、手首の「回内」と「回外」の動きと連動します。「回内」はヒジから先が内側に捻られる動きで、「回外」はヒジから先が外側に捻られる動きとなります。**右手が回外の状態ではシャフトは開いていて、右手が回内の状態ではシャフトは閉じています。**

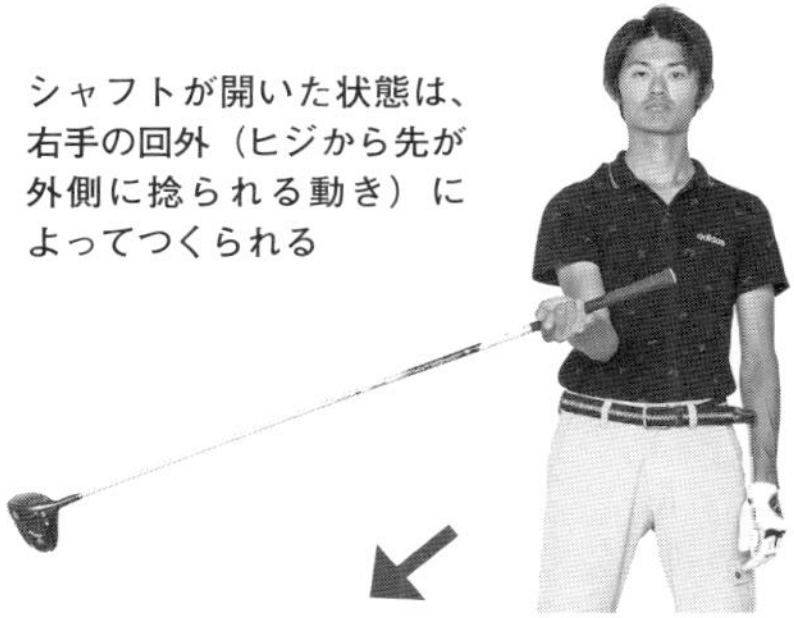

シャフトが開いた状態は、右手の回外（ヒジから先が外側に捻られる動き）によってつくられる

左がシャフトが開いた状態。右がシャフトが閉じた状態。その間、ヘッドが“公転”していると表現できる

シャフトが閉じた状態は、右手の回内（ヒジから先が内側に捻られる動き）によってつくられる

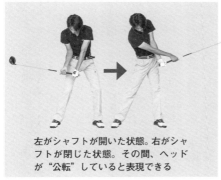

右手と左手の両方を操作する必要はない

右手と左手は、クラブを両手で握っているかぎり、セットで動きます。手のひらを合わせた状態で考えた場合と同じです。右手が回内すれば左手は回外し、右手が背屈すれば左手は掌屈します。

右手と左手のどちらを意識して打つのが良いか？　という質問をよくいただきますが、動きを覚える時点では意識しやすいほうで良いと思います。右手のほうが意識しやすければ、右手をどう使うかを考えれば、その反対の動きをしているのが左手ということになりますので、右手の使い方を覚えることは左手の使い方を覚えることと同意と考えて良いからです。

ただ動きを覚えた先の話として、力の入り方のバランスが関わってくると、一概にどちらかを意識すれば良いという問題ではなくなります。プロでも左を意識する選手、右を意識する選手というのはバラバラなので、どちらが正解という明確な答えはなく、その日のコンディションによって変わるくらいのものではないでしょうか。

話は逸れましたが、右手首と左手首はセットで考え、右が背屈なら左は掌屈、右が回内なら左は回外、という具合に、常に逆の動作となっていることを認識して解説を読み進めていただければと思います。

右手が背屈すれば
左手は掌屈する

右手が掌屈すれば
左手は背屈する

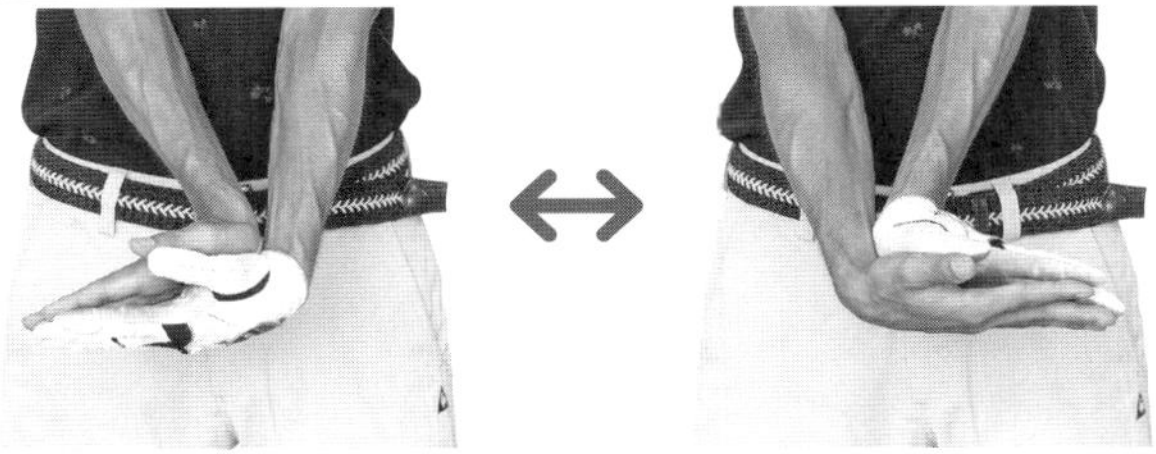

右が回外すれば
左は回内する

右が回内すれば
左は回外する

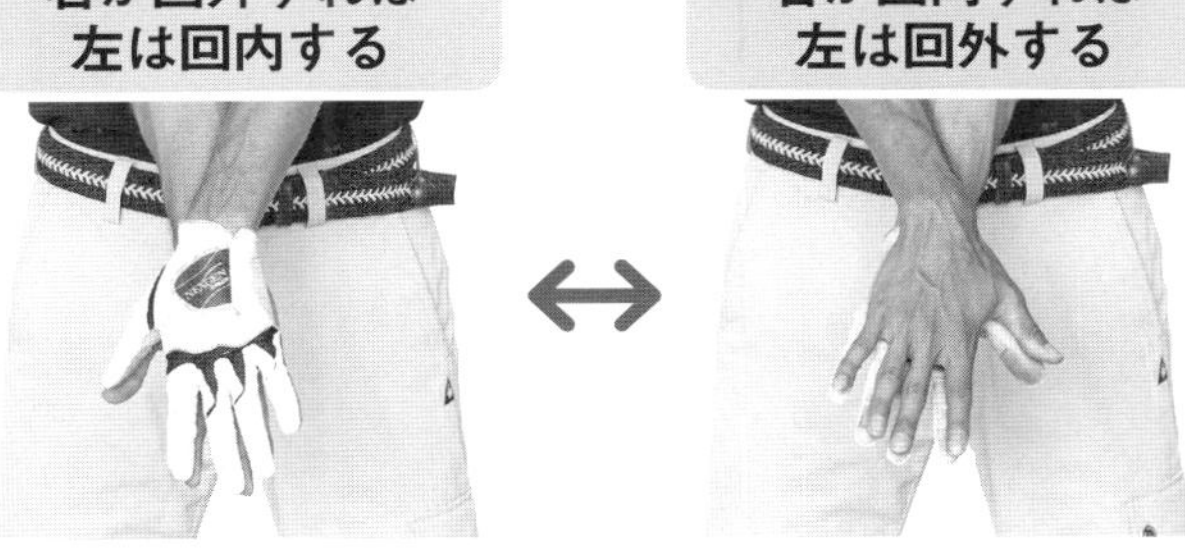

始動での手首の使い方がミスの原因

バックスイングの初期、始動のところでの手首の使い方が、実は非常に多くのミスを生む原因となります。

多くのゴルファーは、体幹の動きよりも先に右手首の回外が始まってしまいます。するとシャフトが開く動きからスイングが始まるため、ヘッドがインサイドから上がり、後ろから見るとトップに向かってヘッドが時計回りに公転して動きます。

結果として、トップでシャフトがクロスする方向に向かいます。そこから切り返すと、ダウンスイングでヘッドが後方から見て反時計回りに公転して動き、振り遅れるだけでなくインパクトでフェースが開き、ドライバーでの大きなスライスやプッシュアウトなどが頻発するスイングとなってしまいます。

この**「後ろ（飛球線後方）から見たヘッドの公転の向き」**を意識することで、手首の使い方、つまりクラブ操作についての確認が、格段にやさしくなります。入射角のコントロールや、弾道の打ち分けなどもできるようになりますから、取り入れてみてください。

バックスイングの始動で体幹の動きよりも手先を使ってヘッドをインサイドに上げる人が多い

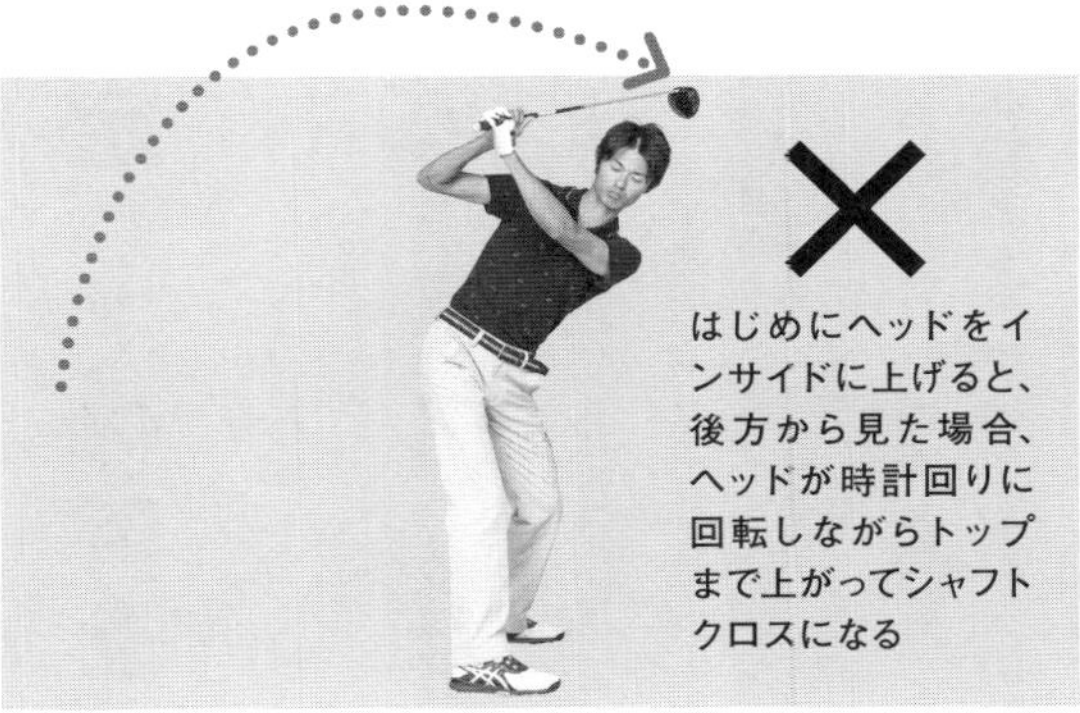

はじめにヘッドをインサイドに上げると、後方から見た場合、ヘッドが時計回りに回転しながらトップまで上がってシャフトクロスになる

シャフトクロスのトップからは反時計回りに回転して下りていくため、シャフトが寝て振り遅れる。インパクトで手元が浮く原因にもなる

始動は手首を固定して体幹を使う

始動では手首を固定し、体幹の運動によってバックスイングをスタートしていくことが理想です。体幹の動きをメインとして、手首は前腕とシャフトの角度を保ったまま、ある程度固定された状態にしておくよう意識してください。

始動からどこまでかというと、バックスイングの前期、胸骨とグリップを結んだ線が45度前後に傾くまで。よく「手が腰の前にくるまで」あるいは「時計盤でいえば7時（ないし8時）まで」といった表現で説明されているポジションです。

手首を使わないだけでなく、前腕の捻り（回内・回外）やヒジの曲げ伸ばしも使いませんから、このポジションでは、両腕とクラブはアドレスの状態のまま、ただ45度傾いただけ、つまりフェースの開閉もシャフトの開閉もまだ起きていません。胸骨からグリップ、両手、そしてヘッドまでの位置関係はアドレスの形からほぼ変わらずに一体化して動いてきます。

客観的には手の位置が動いているために、手や手首が運動しているように見えるのだが、手が移動したのは元にある体幹が動いたからにすぎない

右のワキ腹を伸ばしながら骨盤を回旋させていく運動によって、固定した手首とともにクラブを45度前後まで動かす

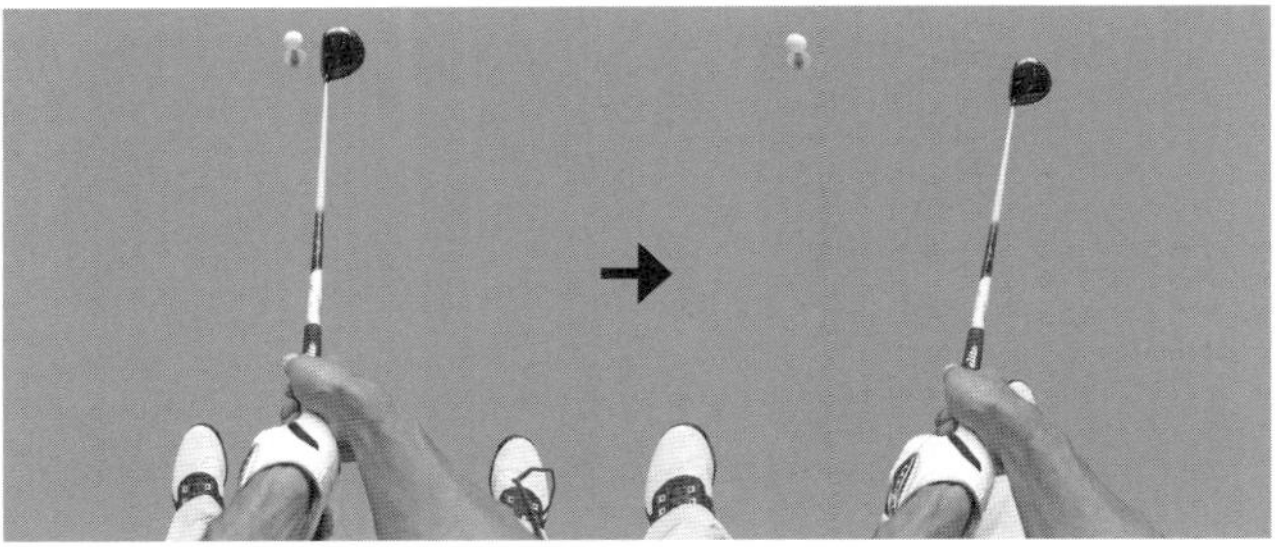

自分から見た手とヘッドの状態。ワキ腹の動きで始動しただけなので、手首の状態やフェースの向きが変わっていないことがわかる

トップに向かって右手首は「背屈&回外」する

胸骨とグリップを結んだ線が45度前後までは体幹の動きをメインに動かしますが、そこからトップに向かっての腕の動きはどうなるでしょうか。

右手首には、「背屈」と「回外」が同時に起こります。これによって、後ろから見たときにヘッドが反時計回りの軌道を描きながらトップの位置に向かっていきます。

起こりがちなミスは、「回外」と一緒に「掌屈」してしまう動きです。ゴルフ以外のスポーツや日常動作では、手首の回外と掌屈が同時に起こる局面が多く、相性も良いため、多くの場合トップに向かって「回外」と「掌屈」というパターンで手首を使ってしまいがちなのです。

フェースの開閉をなるべく抑えて方向性を安定させなければならないゴルフという競技では、「回外」と「背屈」という特殊な運動パターンを身につけ、トップでのフェースの開きをある程度抑えていく必要があると言えます。

回外についてはクラブの重心距離のおかげで、フェースが開こうとする動きによってある程度自然に導かれます。とくに初心者はトップで手首が掌屈してしまうクセを持っている場合が多く、その場合には「背屈」を少し意識してつくることが最初は必要です。

右前腕の回外によってヘッドは（後方から見た場合）反時計回りに回転してトップへ上がっていく

回外と同時に右手首は背屈するのが正しいパターン

右手首を掌屈させ、左手首を背屈させるとフェースは開いてしまう

トップに向かってヒジを曲げながら肩は外旋

バックスイングの後半からトップに向かってヒジや肩はどのような動きを起こすでしょうか。右ヒジを伸ばしっぱなしにすることもあり得ますが、実際にそのように動くゴルファーはほとんどいないと思いますので、右ヒジがトップに向かって少しずつ曲がっていく動きは自然に起こるものとして省略します。

問題は肩の動きです。多くのゴルファーが間違えてしまうのが、肩の「屈曲」または「外転」という、ヒジを上げる動作を起こしてしまう動きです。肩の「屈曲」というのはヒジを前に上げる動作で、肩の「外転」というのはヒジを横に上げる動作です。

米ツアーのトッププロの多くは、ヒジを上げるという動作をあまり使っていません。どんな動作でトップをつくっているかというと、肩の「外旋」。これは、ヒジを支点にして手を外に開く動きです。腕相撲でいうと「負け」の動きですね。

つまりヒジが体側から離れて上がっていく動作はないのです。

逆にヒジを上げる動作（肩の「屈曲」や「外転」）を大きくしてしまうと、肩の「内旋（腕相撲の〝勝ち〟）」の動きを併発してしまい、これもトップでシャフトをクロスさせ、ダウンスイングからインパクトでシャフトが開いてしまうミスを起こしやすくしてしまいます。

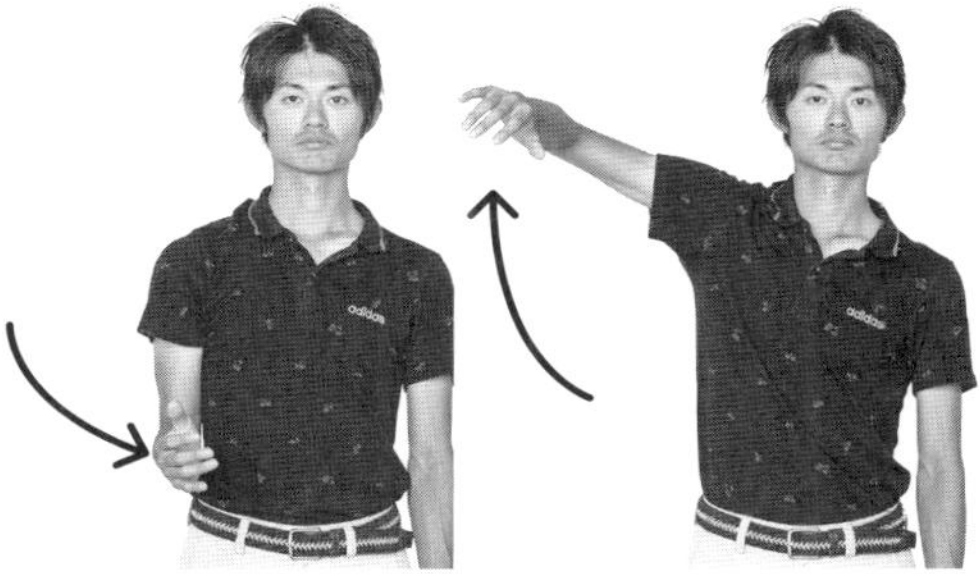

右が肩の外転、左が肩の内転

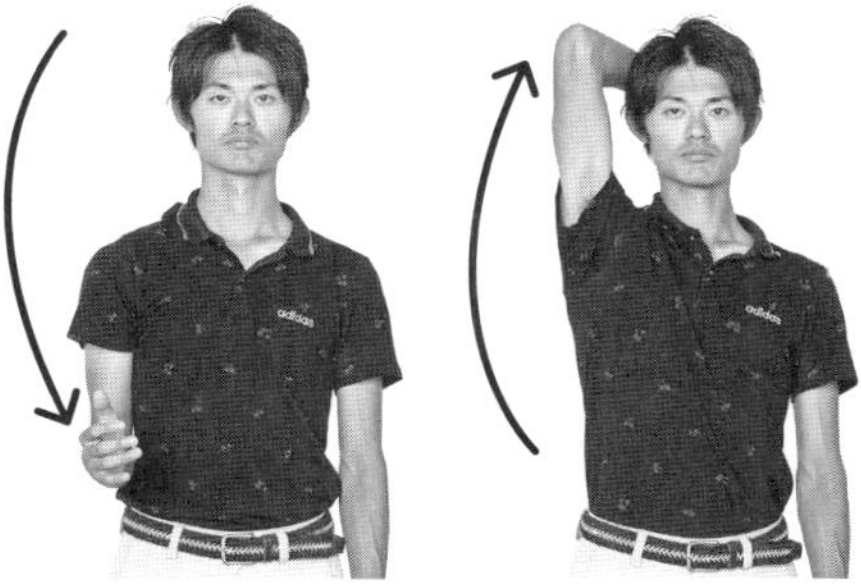

右は肩の屈曲、左は肩の伸展

右は肩の外旋、左は肩の内旋。肩に関してスイングでおもに使うのは、この外旋、内旋の動きである

「トップの高さ」は体幹の動きで出す

トップでの手の高さも、関節の動きとして考えなければ間違ってしまいがちです。トップまでの手首やヒジ、肩関節の使い方を解説してきましたが、ヒジを大きく上げずに右肩を外旋させると、手の位置としてはかなり低いトップになってしまいます。

では、どのようにしてプロのような高い位置のトップをつくるのでしょうか。この答えが体幹の使い方にあります。**体幹の動きとして、バックスイングからトップに向かって右のワキ腹を伸ばすようにして、背骨の側屈運動が混ざります。これによって右肩が高い状態になりますので、トップの手の位置としても高さが生まれるのです。**

右のワキ腹を伸ばす動きがない状態でトップをつくってしまうと、左右の肩の高さがほぼ同じなので、手も上がっていきません。その対処としてヒジを上げる動きに頼ってトップをつくってしまい、先述したとおり肩の外旋や手首の回外が維持できず、シャフトがインサイドにクロスして起こるミスを誘発します。

　また、側屈に合わせて骨盤の使い方も重要で、骨盤も同じく右側が高くなるように、右ヒザを伸ばす（完全には伸ばし切らない）ことで脚の長さを変え、水平ではなく縦回転の要素も混ざった回旋運動を行なう必要があります（下半身の動きはパート4で詳しく説明します）。

　このような体幹と骨盤の運動を行なうことによって、ヒジを大きく上げることなく右肩の外旋によってトップの位置をつくることができるのです。

右の脇腹を伸ばし左の脇腹を縮め、左肩を低く、右肩を高くすると、ヒジを上げなくても十分なトップの高さをつくれる

肩を水平に回すイメージでは手の位置が低くなるため、ヒジを上げて高いトップをつくろうとしがち

シャフトクロスとレイドオフも回内・回外が原因

トップでの「シャフトクロス」や「レイドオフ」という言葉もレッスン書や雑誌を開くと目にする機会が増えました。どういった動きかというと、「シャフトクロス」は先にも述べましたが、トップでシャフトが飛球線よりも内側に捻れる状態で、「レイドオフ」はその反対ということになります。

トップの位置の話なので、インパクトに影響しないのでは？　という疑問を持つ方も多いかと思いますが、**トップの位置というのはそれ以降の切り返しやダウンスイング、インパクトに大きな影響を与え、むしろミスの大半はトップの位置の欠陥から生まれると言っても過言ではありません**。後ほど詳しく解説しますが、シャフトクロスしたトップから切り返すと、多くのゴルファーが悩んでいるダウンスイングやインパクトでのスイングの不具合が発生するのです。

具体的にシャフトクロスとレイドオフのトップを比べると、関節の動きとしては右手首の回内、回外の動きが大きく影響しています。**トップで回内するとシャフトクロス、回外するとレイドオフの状態になることがわかります。**

始動のところでも述べましたが、始動からバックスイングにかけて、先に回外の運動を起こしてしまう使い方も、結果的にトップで回内しやすい軌道をつくってしまい、シャフトクロスの状態になりやすいということも頭に入れておかなければなりません。

トップで右前腕が回外の状態ならばクラブはレイドオフのポジションに来て、時計回りの回転をしながらダウンスイングできる

トップで右前腕が回内の状態だとクラブはシャフトクロスのポジションになる。ダウンスイングでは反時計回りでフェースが開く

レイドオフから切り返すとシャフトは時計回りに回る

シャフトクロスとレイドオフ、それぞれから切り返した場合、スイングがどのような軌道を描くかを後方から見てみましょう。

まず回外の状態をつくり「**レイドオフ」させたトップから切り返した場合。グリップを地面方向に引っ張ることで、シャフトを時計回りに回転させながら、ダウンスイング、そしてインパクトに向かっていくことになります。**

シャフトの開閉という観点で言えば、トップで開いた状態となっていますので、インパクトに向かって閉じていくのみ。その際に手首の動きも連動して回外が自然解放し、さらにインパクトからフォローで自然に回内に向かっていくことができます。

「ダウンスイングでシャフトを立てましょう」「前倒しをしましょう」とよく表現されるのですが、これはレイドオフした状態から切り返すことによって自然に起きてくる現象であって、ダウンスイングの時に意識して立てようとするものではないのです。

右手首が回外し、シャフトが開いた状態のトップ

ダウンスイングを始めると右手首が回内する。これがシャフトが立った状態

後方から見てシャフトが時計回りで下りていく

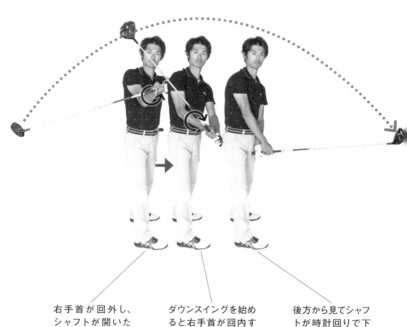

シャフトクロスから切り返すとシャフトは反時計回り

逆にシャフトクロスから切り返すと何が起こるか。右手首の回内が自然に解放されるため、ダウンスイングでシャフトに反時計回りの回転がかかります。そうすると、ダウンスイングでヘッドがどんどん背中のほうに落ちる、いわゆる「シャフトが寝る」状態になっていきます。右手首は、インパクトに向かってどんどん回外し、インパクトでシャフトが開いた状態になってしまいます。これが振り遅れやフェースの開きによるスライス、ひどい場合にはシャンクが止まらない状態にもなる原因なのです。

ダウンスイングやインパクトにおけるスイングの不具合は、トップを見直すことで根本改善される場合が多く、そこを見逃してしまうと「どうやっても直らない」という状態に陥ってしまいます。**とくにトップで右手首が回内したのか回外したのか、肩は外旋しているのかそうでないのか、それをチェックすると効率良く矯正できるようになります。**

右手首が回内した状態＝シャフトが閉じた状態のトップ

右手首が回外しながらクラブを下ろすことになり、シャフトが寝てしまう

クラブは反時計回りしながら下り、インパクトで手元が浮く、上体が起き上がるなどの原因となってしまう

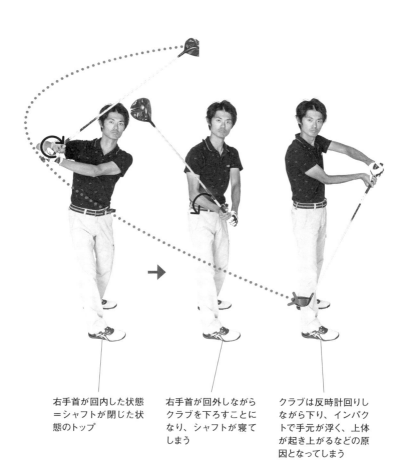

ダウンスイングでシャフトが回転する原因とは

なぜダウンスイングでシャフトが回転するのか。しかも、その回転方向がトップでのレイドオフなのかシャフトクロスなのかによって、なぜ逆になるのか。

これはトップでの回内状態、回外状態から捻れがほどけることだけでなく、クラブの重心と慣性から生じている動きでもあります。つまり**カラダの構造にとっても自然だし、クラブの構造からしても自然な動き**なのです。

クラブの重心はヘッド（先端）ではなく、シャフトの中腹、先端寄りに存在しています。仮にシャフトが、水平の向きで無重力状態で浮いていたとすると、グリップをポンと下に押すと重心を中心にシャフトが回転します。これは重心が慣性によってその場に居とどまろうとするからです。

もちろん重力があってもこの力は働きますので、レイドオフの状態でグリップを下に引っ張った場合であればシャフトは時計回りに、シャフトクロスの状態では反時計回りに回転します。

レイドオフから手を下方向に降ろしてくればシャフトは立ちながらインパクトに向かいます。「立ちながら」つまり後方から見ると時計回りに回りながら下りてくるときのヘッドの軌道は、上から見れば、フェースを前に向かせてくれる遠心力が生じる円軌道になることは、もうおわかりだと思います。

グリップを地面方向に引っ張ると、重心はその位置にとどまろうとするため、クラブ全体としては回転することになる

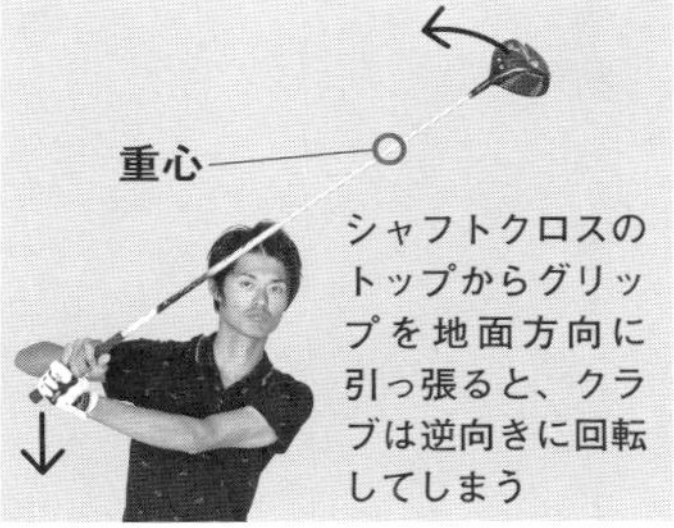

シャフトクロスのトップからグリップを地面方向に引っ張ると、クラブは逆向きに回転してしまう

回外と背屈が少しずつ解放されて「タメ」のリリースが起きる

「タメをつくる」という表現もよく耳にしますが、切り返しからダウンスイングでの手首の動きについても触れておきましょう。

実は「タメ」についても、トップでは背屈はもちろん、回外した状態である「レイドオフ」になっていることが前提条件となります。

右手首が回外、背屈の状態のトップから切り返したダウンスイングにおいて、回外、背屈の状態が少しずつ解放されていくことによって、ほどよく「タメ」ができたスイングをしていくことができます。この動きを後方から見ると、プロ選手のスイングはシャフトが右ヒジと右肩の間くらいを通って下りてきます。少し高い選手、少し低い選手はありますが、大きく外れて肩の上を通るような選手はほとんどいません。

切り返しの直後、自然解放ではなく手首や腕のリキみによって、「自ら回内させてしまう」と、ダウンスイングの時点でシャフトが肩の上を通るくらいまで立ちすぎてしまいます。このスイングを上から見ると、大きくアウトサイド・イン軌道になっています。

また、レイドオフという前提が崩れてしまっている、つまりスタートが回外の状態でない場合、ダウンスイングでクラブを引っ張っても「回外の自然解放」という現象は起こりません。その中で「ダウンスイングでクラブを肩とヒジの間を通す」というスイングをしてしまうと、そこからさらにシャフトが開いていって、インパクトからフォローで自然な回内が起こらなくなってしまいます。

トップで「回外、背屈」の状態でレイドオフになっていれば、ほどよくそれが解放されながら下りてくる。その際、後方から見てシャフトはヒジから肩の高さまでの間を通る

手の力で回内させると、シャフトは肩より高いところを横切って下りてくる

シャフトクロスのトップからは、回内の動きに自然に移行しないため、手で意図的な操作を加えなければインサイドから下ろせない

グリップは中指の第二、第三関節の間に感じる

切り返した瞬間というのは、自転車で言えば止まった状態からペダルを踏み込む瞬間。つまりここに一番力がかかります。インパクトで力を入れるというのは物理的には間違っていて、力がかかる瞬間というのは最もクラブに加速度を与える瞬間であり、つまり切り返しということになります。

力をかけていることをカラダも感じています。グリップに最もその感覚が残るのですが、この時、**手のどこでグリップを感じるか、どこでクラブを押さえるかということが非常に重要です**。

条件としては、トップからダウンスイングでフェースが大きく開かないこと、つまり、右手の背屈の状態が維持しやすい場所でグリップ圧を感じることが大切です。背屈の状態でグリップを押した場合と、掌屈の状態でグリップを押した場合で、手のどこに感覚が残るかを比べてみましょう。

右手中指の第二、第三関節あたりに圧を感じながらグリップを押すと、自然と背屈になる

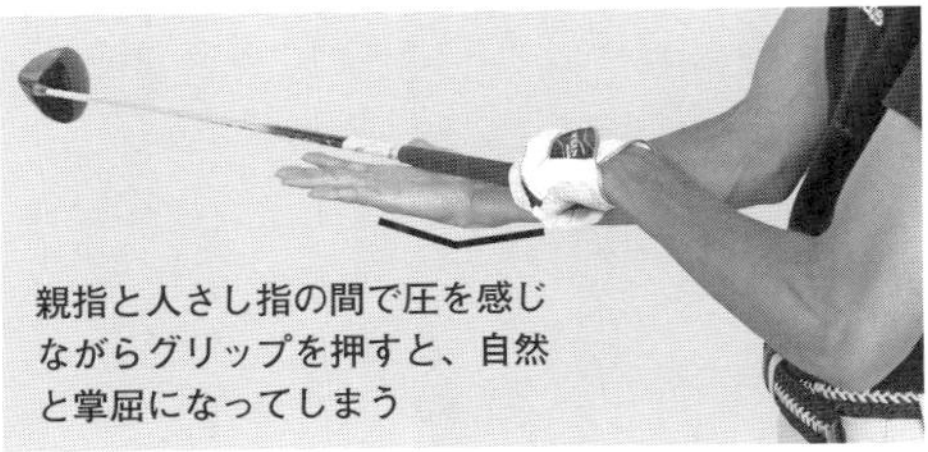

親指と人さし指の間で圧を感じながらグリップを押すと、自然と掌屈になってしまう

背屈した状態でグリップを押すと、右手の中指の第二、第三関節の間あたりに圧を感じることができます。逆に掌屈した状態でグリップを押すと、人さし指と親指の間あたりに圧を感じます。

この感覚を覚え、スイング中に中指の第二、第三関節の間でグリップからの圧を感じられれば、右手の背屈を維持した切り返しができているということになり、フェースが大きく開かないスイングができているということを確かめられます。

「リリース」は自然に起こるもの

「リリース」と表現されることの多い、インパクトからフォローでの手首の使い方ですが、これを詳しく見てみましょう。

この動きは2つの要素が組み合わさったものであり、外から見れば右手首の「回内」、そして前腕とシャフトが直線に近づく「サムダウン」と呼ばれる動きです。

そして、どちらも自ら意識的にするものではなく、トップやダウンスイングなどの過程を正しく経ることによって、自然に起こるものととらえるべきです。

先述しているとおり、トップがシャフトクロスになってしまえば、インパクトに向かって回内から回外に向かっていってしまいます。これでは当然インパクト後の回内、つまりリリースは起こりません。それをリリースできていないからといって、意図的に回内させたり、サムダウンさせたりするというのは間違いです。

つまり**リリースとは、インパクトに向かう前提条件をそろえることによって自然に起こ**

るものであり、正しいトップの位置を探ること、もっとさかのぼれば体幹主導の始動によって起こるものと考えても良いということになります。

「外から見れば」手首を返しているように見えるが、内的な感覚で言えば「（自然に）返る」であって、決して「（自力で）返す」ではない

サムダウン（親指を下に向ける、つまり前腕とシャフトを一直線にする）動きも意識的に自分で行なう必要はなく、正しいトップの状態さえつくれれば自動的に起きる。そして、サムダウンが「ネックに向心力を与える」ことになる

本当の出力はカラダに近づける「向心力」の方向①

リリースするための力を加えずに自然に任せるのが正解ではあるのですが、インパクトの瞬間、カラダにはまったく力が入っていないかと言えば、そうではありません。クラブからどんな力がカラダにかかっていて、それに対してどのようにスイング軸を維持するのか、どのようにクラブの正しい円軌道を維持していくのかを考えてみましょう。

インパクトの瞬間にカラダが出力しているべきメインの力の方向は、スイングスピードが上がるにつれて大きくなっていく、クラブがカラダから離れようとする遠心力に対して、スイング軸であるカラダにクラブを引きつけようとする向心力の方向となります。

トップでのレイドオフの状態からクラブを引っ張ることで、インパクトの瞬間にはクラブが外に向かおうとする水平面上の遠心力が働いています。これに対して向心力を発揮して釣り合いをとるため、**後方から見るとカラダは前傾を維持したまま骨盤を左にズラした形となり、手元は浮かず、カラダに近いところをグリップが通ろうとします。**

パート1でも説明しましたが、遠心力は決してシャフトの延長上に働くわけではありません。し、それに対抗する向心力も、グリップの延長上に引っ張るものでもないのです。水平面上に働く遠心力に対し、向心力も水平面に生じるものだと理解してください。

遠心力に対抗するために、左尻が回転しながら背後へ動いていく

クラブに遠心力が働いていないと仮定すると、釣り合いがとれないので背後に倒れてしまう。遠心力に対抗する力はこの方向でなければならない

本当の出力はカラダに近づける「向心力」の方向②

逆にかけてはいけない力というのは、ヘッドを目標方向に押す力であったり、フェースを返すためにヘッドを止めようとする力です。これらはフェースを開閉させる力になってしまうため、フェースの動きが不安定になりコントロールを失う原因となってしまいます。

また、レイドオフの前提が崩れ、シャフトクロスした状態からシャフトが肩の上を通って下りてくる場合、ヘッドがボールの下を通過しようとしてしまうため、上体を起き上がらせ、インパクトに向かって手元を浮かすような上方への力を加えながらインパクトしてしまいます。これもフェースが前を向く力を得ることができないため、手でフェースを閉じる操作を加えざるをえないスイングとなり、再現性を失います。

始動からトップで前提条件を整え、インパクトでは水平面上の遠心力に対して向心力で釣り合いをとる。つまり自分で意識して力を出すのではなく、遠心力に反応する形で自然に出てくる力によってフェースがスクエアになっていくようなスイングができると、より

再現性を高めていくことができるのです。

自分で意識的にフェースの向きを操作しなくても「道具の物理学」と「カラダの運動学」がフェースを目標に向けてくれる

フォローからフィニッシュは微調整の結果として変化する

プロでも、フィニッシュで右手を離したり、大きくカラダをよじったり、さまざまな形をとりながらもショット自体は悪くない、という場面を多く目にします。

よくフィニッシュでバランス良く立っていられるのが理想であるという話がありますが、必ずしもこれが正しいとは言えません。プロのように感覚が鋭くなればなるほど、トップや切り返しでの違和感にスイングの中で気づき、微調整をしながらインパクトし、結果的になんとかフェアウェイに残したり、大きなミスになるはずのショットを最低限の範囲内に収めているものです。その結果としてフィニッシュがピタッと止まらないというのであれば、それはひとつの正解であると言えます。

また、コース上では低いボールを打ちたい、ドローを打ちたい、むずかしいライに対応して上から打ち込みたい、など、さまざまな要求に応えなければなりません。そういった練習場とは違う環境の中では、フォローやフィニッシュは常に一定ではありません。

「フィニッシュでピタッと止まる」というのは、まず環境が平坦な整った条件で、さらに始動からスイングしていく中で違和感を感じることなくスムーズに流れた結果であるということ。ですから、練習でそれを追求する意味はあるとは言えます。しかしそれと同時に、スイング中に違和感を感じた時に微調整をしてショットをまとめていくという鋭い感覚を身につけることも大切である、という考え方をもっておくことも必要だと考えています。

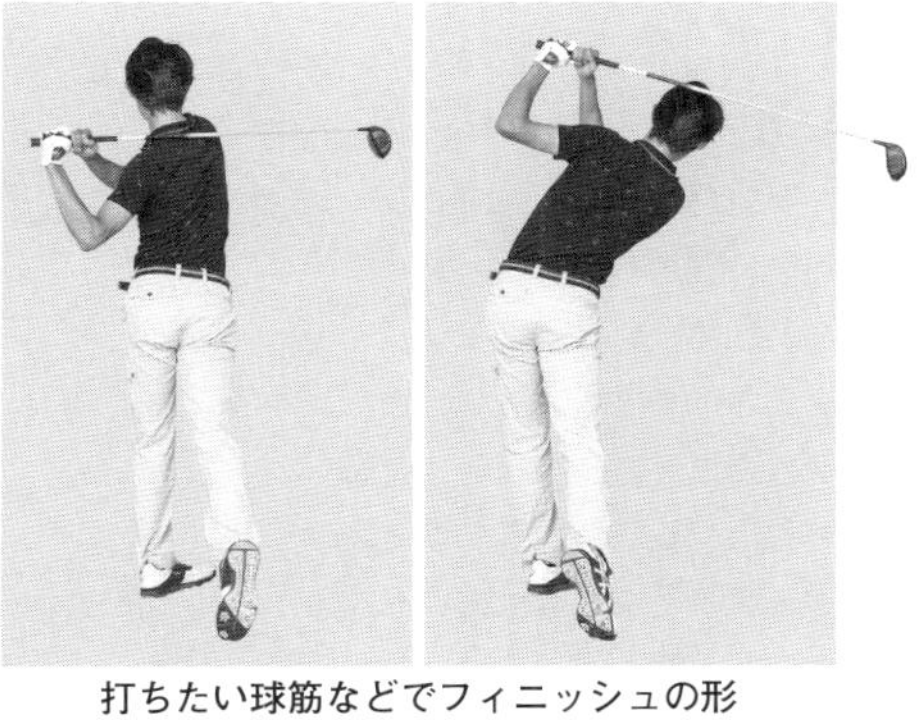

打ちたい球筋などでフィニッシュの形は変わる。コースでは傾斜などの諸要素の影響でフォロー、フィニッシュの形は変わって当然と考えるべき

03

ゴルフスイング物理学
Physics of Golf Swing

軸というのは釣り合いであって静止や固定ではない

スイングの軸については多くの方がカン違いをしているように思います。

たとえば、何も持たずに肩の前で手を組み、その場で背骨を軸にして回転するドリルがあります。超スローモーションで素振りをするドリルなどもあります。これらが問題だと私が考えるのは、「軸というものは、引っ張り合ったり、押し合ったりすることによる力の釣り合いによって生まれるもの」だからです。

切り返しでは地面の方向にクラブを引っ張るため、自分も地面方向に自然落下をするように股関節の力を抜くことが必要です。

ダウンスイングではクラブを左に引っ張りますが、このときクラブに自分が右に引っ張られるから、自分は左に向かって力を出さなければならない。

インパクトの瞬間は遠心力でボールの方向に引っ張られます。つまり自分は背中の方向と天井の方向にクラブを引っ張らなければならない。

フォローでは遠心力で飛球線方向に引っ張られるため、自分はその反対へ引っ張らなければならない、などなど。

道具を持たずに行なったり、ゆっくり行なっても、引っ張られませんから、本来自分はどのような形になって、どういう向きでどのような大きさの力を出さなければいけないかがわかりません。スイングスピードが高まれば高まるほど、思いもよらない方向にクラブに引っ張られるため、自分がその場で背骨を軸に回ろうとしてもそれは不可能なのです。「クラブと常に反対方向へ力を発揮して、重心を移動させてはじめて力の釣り合いが生まれて軸となる」その感覚をつかむことが大切だと思います。

クラブと腕の動かし方に合わせた体幹と下半身の使い方

PART 4

ゴルフスイング物理学
Physics of Golf Swing

体幹の動きは前傾の適度なセットから始まる

ここまで腕の使い方、とくに右手の使い方をメインに解説をしてきましたが、これによってクラブの扱い方を関節の動作として少しずつ理解いただけたのではないかと思います。ここからは手をメインに考えたクラブの扱い方にマッチした、体幹から下半身の動作を解説していきます。

スイング中には骨盤が左右に、そして上下に向きを変えます。単純に水平の回旋だけであればそれほどむずかしい動きではないのですが、ゴルフスイングでは水平の回転、縦の回転、そして左右のスライドが混ざった動作となるため、複雑で習得がむずかしいのです。水平と縦をかけ合わせた、骨盤の斜めの回転をまずは習得していきましょう。

まずアドレスで、骨盤を斜めに傾けなければならないのですが、ここではお尻の穴の向きを意識するとわかりやすいです。**ヒザを少しゆるめた状態で、お尻の穴を少しだけ後ろに向けるようにします。これで骨盤の前傾ポジションがつくられ、「斜めの骨盤」を手に**

入れることができます。

柔軟性の高い方、とくに女性に多く見られますが、骨盤の前傾が強すぎてもデメリットとなります。目安としてはシャフトを背骨に沿わせたすき間に、腰のところで手のひらがギリギリ入る程度が適切です。シャフトと腰の間が大きく開いてしまっている場合は、少し骨盤の前傾をゆるめて調整しましょう。

ヒザを少しゆるめてお尻の穴を少し後ろに向ける。背中は湾曲し、背中にシャフトをあてがうとすき間ができるが、腰のところで手がちょうど入る程度が適度

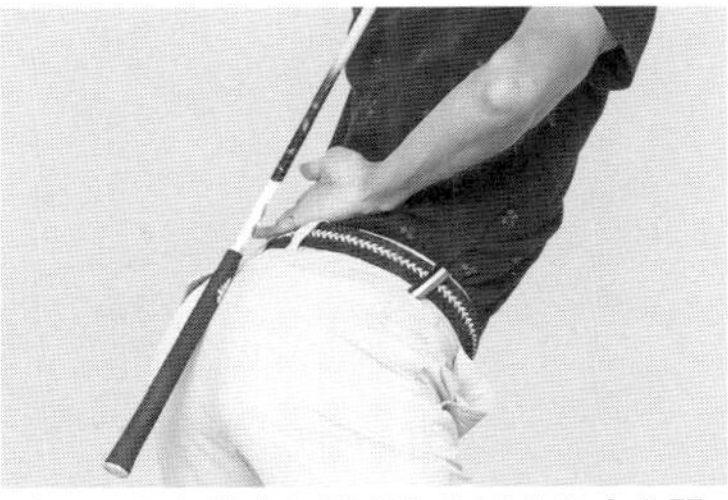

シャフトと背中に手が入る以上のすき間ができている場合は、骨盤の前傾が強すぎると言える

脚の長さを変えることで骨盤は斜めに回転する

骨盤が前傾した状態で、左右の脚の長さを変えてみましょう。つまり、ヒザの伸ばし具合を左右で互い違いに変えてみるのです。

ヒザを曲げたほうの脚は短くなり、曲げていないほうは長くなる、ととらえてください。ヒザを曲げていないほう、つまり脚の長いほうの骨盤は上方に向かい、そして脚の長いほうに骨盤が向きます。

言い換えれば、〝腰が回転した〟わけですが、これだけでも骨盤は水平と縦をかけ合わせた動きになっています。

つまり、**「骨盤を水平回転させる動きの軸を前傾させただけの動き」ではないのです。**

ただ、どの程度の水平の動きとどの程度の縦の動きをかけ合わせるかといった細かな理解までは必要ありません。理解しなくても実行はできるのです。必要なことはこの動作を互い違いに繰り返し、骨盤の向きを自由に変えられる状態にしておくことです。

骨盤を前傾させたアドレスをつくる。前傾しているため、腰の動きには水平回転の要素と、縦回転の要素がかけ合わされる

ヒザを曲げたほうの脚は短くなり腰も低くなる。ヒザを伸ばしているほうに腰は向く。つまりヒザの曲げ伸ばしが腰の回転を促している

スライドでも骨盤の向きと位置は変わっていく

脚の長さを変える以外にも、骨盤の向きを変える方法があります。それが、骨盤を左右にスライドさせる動きです。一般的には「スエー」と呼ばれ、あまり良い印象をもたれない動きですが、この動作もスイングの中では必要になります。

骨盤のスライドが「スエー」になってしまうか、必要な要素として回転運動につながっていくかという違いを分けるのが、骨盤の前傾なのです。**骨盤が前傾している状態でスライドさせればそれは回転運動に変わりますが、骨盤の前傾がない状態でスライドしても、骨盤の向きが変わらないため「スエー」とみられます。**

骨盤を前傾させた状態で、骨盤を左右にスライドさせてみます。右にスライドした時、右側の骨盤が高くなりますので、それに伴って骨盤はやや右を向きます。左にスライドした時はその反対となります。骨盤が「向きを変える」というのは、つまり回転なのです。

前項で説明した脚の長さを変えることによって骨盤が向きを変えることと、スライドによる回転を混ぜた動作を組み合わせると、スムーズな骨盤の動作を導くことができます。

スライドすると骨盤が向きを変える＝回転する

骨盤を左右にスライドすると、骨盤は向きを変える。左にスライドし左脚を長くすると、骨盤は左を向く（左）

体重移動とは骨盤がリードする全身の位置移動

「体重移動」というわかりづらい概念も、骨盤の位置移動と考えると理解がしやすくなります。

骨盤が右にスライドすると、右の骨盤の位置が高くなると同時に、骨盤が右を向きます。これが骨盤の上の部分、つまり体幹を回転させ、腕を振ってスイングの動きをつくっていきます。

つまり、骨盤の位置移動が全身の位置移動につながっていて、それが、いわゆる「体重が左右に移動する」感覚を与えるのだと思います。

決して、体幹だけ、あるいは頭だけが左右に動けばいいというものではない、ということを理解すると、腕だけでクラブを振るスイングにならず、全身を連動させた効率良く、再現性の高いスイングに近づいていけます。

骨盤のスライドと、脚の長さを変えることで体幹が回転する。それによって全身が位置移動し、体重が左右に移動する感覚になる

体幹だけ、あるいは頭だけを左右に位置移動させることが体重移動になるわけではない

始動は骨盤を少し右へシフトさせ縦回転を起こす

バックスイングの前にわずかに右へ体重移動する選手がいます。この動きは、骨盤の向きを変えていくためのスライドと考えると、上半身や腕の動作との相性も良く、動き出しのきっかけをつくることができます。右手の使い方のところで解説をした、手首を固定した状態で、体幹の動きによって始動する動きにマッチする動作です。

時計の針を例にすると、胸の真ん中にある胸骨を中心に、両腕でつくった三角形を針として考えます。水平ではなく、縦の要素をメインに胸骨を回転させることによってバックスイングを行ないます。

胸骨が中心軸、骨盤が振り子の先端と考えると、骨盤のスライドが連動することでスムーズな胸骨の回転をつくることができます。この骨盤のスライドを始動として動き出すことで、体幹をメインとしたバックスイングを可能にし、右手の回外が先に現れてしまう動作のミスを防ぐことができます。

骨盤を右に移動し、右に向かせることで体幹は回転し始める。
その時点では手先を使わず、体幹の動きをメインとする

みぞおちのあたりを中心軸で、骨盤を振り子のように動かす。この動きで骨盤を縦回転させ、位置移動による横回転とかけ合わせる

バックスイングでは右脚を長くして骨盤の前傾を維持

骨盤のスライドによる始動できっかけをつくった後、右脚を長くする、つまり右ヒザを伸ばしていく動作で骨盤の回転運動を誘導します。ここで重要となるのは、骨盤の前傾を維持することです。

骨盤の前傾を維持して右脚を長くし、回転運動が起きた場合、右の股関節の内側が閉まった状態（水平内転という動き）になります。右のお尻の筋肉に張りを感じることができ、これがいわゆる「股関節に乗る」という状態をつくっていくことにつながります。

「股関節に乗る」というのは、そこに体重を乗せるという意味ではなく、この状態になっているという意味でとらえることができれば解釈しやすくなります。逆に体重を乗せることだととらえてしまうと、骨盤が後傾した状態でスライドさせた「スエー」の状態でも股関節に乗っているとカン違いしてしまいがちです。

お尻の筋肉に張りを感じているということは、その後お尻の筋肉の力を使いやすい状態、収縮させる準備ができている状態となります。インパクトに向かって骨盤の強い回転運動を誘導することにつながるため、非常に大切な感覚です。

骨盤が右に回転すると、それにつながっている右足は「骨盤に対して内側に捻っている状態」になる。これがよく「股関節に乗る」と表現される動き。右のお尻の筋肉に張りを感じているか確認しよう

バックスイングでは右ワキ腹を伸ばし左ワキ腹を縮める

骨盤のスライドを伴った斜めの回転運動だけで、その上にある体幹が前屈みの状態を維持してしまうと、頭の位置は大きく右へ動いてしまいます。さらに肩も水平に運動してしまうため、胸骨を中心とした縦の回転運動をつくることがむずかしくなってしまいます。

骨盤の運動に、左のワキ腹を縮める動きを加えることで、胸骨を中心とした縦方向の回転運動が完成します。腕の動きの説明の際に、右ワキ腹を伸ばして側屈すると表現しましたが、左のワキ腹を縮める動きを同時に行なうことになります。

この時働いているのが、腹斜筋群と呼ばれる骨盤と肋骨の側面をつないでいる筋肉です。バックスイングで右の腹斜筋群が伸ばされた状態になり、次に切り返しからインパクトに向かって一気に縮んでいく準備が整います。

ここでの左右のワキ腹の伸び縮みがどれだけダイナミックに、かつスピーディーに行なわれるかということが、ヘッドスピードを高める大きなポイントです。この動きこそが、最も大切なエンジンといっても過言ではありません。

アドレスからバックスイングでは、左のワキ腹が縮む。逆に右のワキ腹は伸びている。それらにより正しい体幹の動きになる

ワキ腹の長さを変えずに右に回転すると頭は右へ動いてしまう

トップでの肩の外旋に肩甲骨の位置を連動させる

骨盤と脇腹の動きを連動させて始動からバックスイングを行ないますが、最後にトップをつくっていく際に重要な動作があります。それが、**右肩の外旋、そして右手首の回外に連動させて肩甲骨を動かすことです**。

まずは上体の前傾をさせず、肩甲骨から手までの動きでわかりやすく解説します。トップの位置では、左腕が両肩を結ぶ線上、右肩は外旋、右の手首を回外させ、シャフトを背中のほうに、体軸とシャフトが最低でも直角に交わるまで倒します。実際にカラダを前傾させてトップをつくったとすると、このシャフトが倒れる角度が大きければレイドオフ、シャフトが立ってしまっていればシャフトクロスとなります。

シャフトを倒す際に、左の肩甲骨が上がり、右の肩甲骨が下がった状態にしていくことで、右肩の外旋の動きとの連動性が高まります。

プロのトップを後方から見ると、上体は前傾しているはずなのに、両肩を結ぶ線が水平に近い状態になっているように見える場合があります。これは、体幹の動きでつくった前傾の角度と、肩甲骨の高さの差が相殺されているためであり、肩を水平に回して使っているのではないのです。

肩甲骨の動きを連動させて、トップでのレイドオフの状態をスムーズにつくることで、その後のスイング動作の流れをつくることができます。

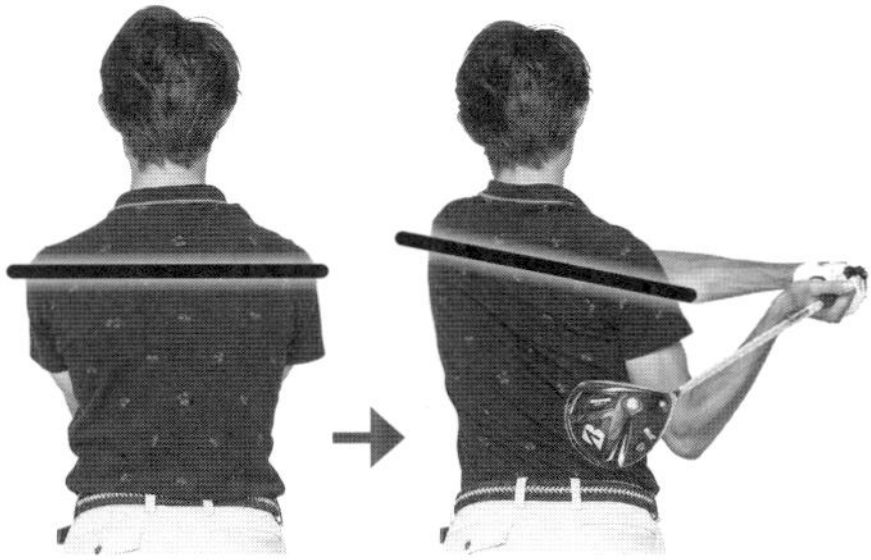

トップでシャフトを倒してレイドオフにする際、左肩甲骨を上げるとスムーズに動ける

左ワキ腹が縮み側屈するため本来、左右の肩の高低差は実は大きい（左）。しかし左肩甲骨を上げているため、左右の肩の高さにそれほど大きな高低差が出ないように見える（右）

切り返しで左肩甲骨を下げると前倒しが起こる

切り返しで左肩がすぐに上がっていってしまい、カラダが開いているように見えてしまうスイングは、実は肩甲骨の使い方がうまくいっていない場合が多いものです。

先述した肩甲骨の使い方であれば、トップで左の肩甲骨が上がっている状態となっています。**切り返しでの骨盤と体幹の動きとしては、ダウンスイングからフォローで左サイドが上方に向かっていくのですが、その中で左の肩甲骨から先を下げるようにして使います。**

切り返し以降の「シャフトの前倒し」と表現される動作ですが、後方から見たときに、確かにヘッドが時計回りに、つまり前に倒すようにクラブが動きます。

この「前倒し」の動きは手首などの末端の動きでつくるのではなく、左の肩甲骨を下げる動作によってつくる動きなのです。カラダの中心に近い大きな筋肉を使うことで、より大きな力を生み出すことができます。

トップでは上がっていた左肩甲骨を下げることが必要。この動きによってシャフトが前倒れする。レイドオフのトップからグリップを引っ張るとクラブが時計回りに回る動きとも連動する

×

切り返しで左肩がすぐに上がっていくとカラダが開いているように見える。シャフトも寝てしまうとフェースが開いてスライスになる

切り返しで骨盤は左にスライドさせる

バックスイングの始動での骨盤の動作について、「斜めの回転」と「スライド」が混ざった動作であることを解説しました。切り返しでは、骨盤をいきなり左に回転させていくのではなく、スライドの動きによって胸骨の回転にきっかけを与えます。

先述した**「胸骨が中心、骨盤が末端という振り子のような動作」**を使い、**骨盤の位置を左にズラすことによって、右に回転した胸骨の下で、右のワキ腹の筋肉がさらに伸ばされます。瞬間的に伸ばされた筋肉はその後急激に収縮しようとします（伸張反射）ので、その反射を使ってダウンスイングからフォローに向かって胸骨を左に回転させます。**

この骨盤のスライドの動作は、バンプと呼ばれる動作となります。バンプが起きる前に骨盤を先に左に回転させてしまうと、カラダの位置が右に残りすぎたり、ヘッドがアウトサイド・インに下りてくる原因となってしまいます。

切り返しで腰を左にスライド（バンプ）させると、伸びていた右ワキ腹がさらに伸び、それが縮むことで体幹の回転が始まる

胸骨が中心、骨盤が末端という振り子の動作で骨盤の位置を左にズラす

トップから腰をスライドさせず、すぐに回転し始めると、力の伝わらないインパクトになる

左骨盤を背中側へ逃がす「スラストアップ」

切り返しで骨盤のスライドが起こった後、さらに左の骨盤を背中の方向に逃がすことで回転のきっかけをつくります。その時、脚の長さは左脚が長い状態になっていきます。骨盤を左に回転させるスピードが速ければ速いほど、体幹、おもにワキ腹の筋肉に大きな伸張を与えることができるため、胸骨の強い回転を誘導することができます。つまり、**左脚を長くする動き、つまり左ヒザを伸ばしていく動作はできるだけ速く行なうのです。**

この左ヒザを瞬間的に伸ばす動作を「スラストアップ」と呼んでいます。

左ヒザを伸ばすときに使われるおもな筋肉は、モモの表側にある大腿四頭筋です。大腿四頭筋で大きな力を出すきっかけとなる伸張反射を起こすためには、切り返しのときに骨盤のスライドと同時に、左足に踏み込む動作を小さく入れることが有効です。

この動作は、ジャンプをするときと似たものとなります。瞬間的に脱力して重心を落とし、タイミング良くジャンプすることで高く跳ぶことができますが、この要領でスイング中にもスラストアップを行ないます。切り返しで左足に少しだけ重心を落としていき、タイミング良く左足でジャンプをするような使い方をすることで骨盤を回転させます。

プロが切り返しの瞬間に沈み込むように見えるのも、この伸張反射を有効に使うための動作であると考えられます。

左ヒザを伸ばす直前に左足を踏み込むことが有効。沈み込むように見える

切り返しで骨盤をスライドさせたあと、左ヒザを瞬間的に伸ばす。左尻を背後に逃がす方向で行なうと回転がよりスムーズになる

骨盤は左に回転するが股関節より下は内側へ捻られる

切り返した後は骨盤が左に回転していきますが、そこで注意してほしいのは、左股関節より下はすべて内側へ捻られているということです。決して骨盤の回転と一緒に左に回っているわけではないのです。

つまり、左の股関節は内旋の状態となっていくのですが、この動きについては足裏の状態にもヒントが隠れています。

フォローの写真を見た時に、足が開いている選手、足の内側が浮いている選手、足裏全体が接地している選手の3パターンを見ることができます。それぞれどのような状態になっているかを考えてみましょう。

まず、足が開いている選手は、骨盤の回転と同時に足が開いていってしまう。つまり、股関節の内旋や、足首から先を内に向ける動きが硬く、骨盤に対してツマ先を内側に向けるという可動域が足りていない状態となっています。

ダウンスイングで腰が左に回転していくとき、太モモから下は逆に、内側へ捻られている。この連動がスムーズにできているかどうかで、左足の状態が３つのパターンに分かれる

パターン①

左足が浮いたり、反時計回りに回るのは、股関節から下が内側に捻られる動きがスムーズにできていないことが原因

左股関節の内旋と連動して左足のアーチが上がる

残りのパターンについてみてみましょう。

2つ目のパターンは、足の内側が浮いている選手ですが、このタイプは足を内側に向ける可動域は足りています。足を内側に向けると、足の中の「舟状骨《せんじょうこつ》」という骨が上がった状態になるのですが、それと同時に拇指球《ぼしきゅう》（親指の付け根のふくらみ）も上がっているため、足の内側が地面から離れた状態となっているのです。

舟状骨が上がった状態で、足の内側が浮かず、拇指球が地面に着いている。つまり、左足のアーチが高くなっている選手というのが最後のパターンとなります。**骨盤の下で足を内側に向けながらも、スパイクの中でカカト、小指球（小指側の付け根）、拇指球の3点が接地して足裏の機能を引き出せている**状態です。

実は、ゴルファーにとって足裏の機能というのも無視できない重要なものなのです。

パターン③

カカト、小指球、拇指球の3点をつけたまま、アーチを高くして対応できるのが3つ目のパターン。足裏の機能を引き出すことができる

パターン②

ダウンスイングで左脚の内側が浮くのが2つ目のパターン。股関節から下を内に捻ることはできているが、足首の可動域が狭いため、浮いてしまう

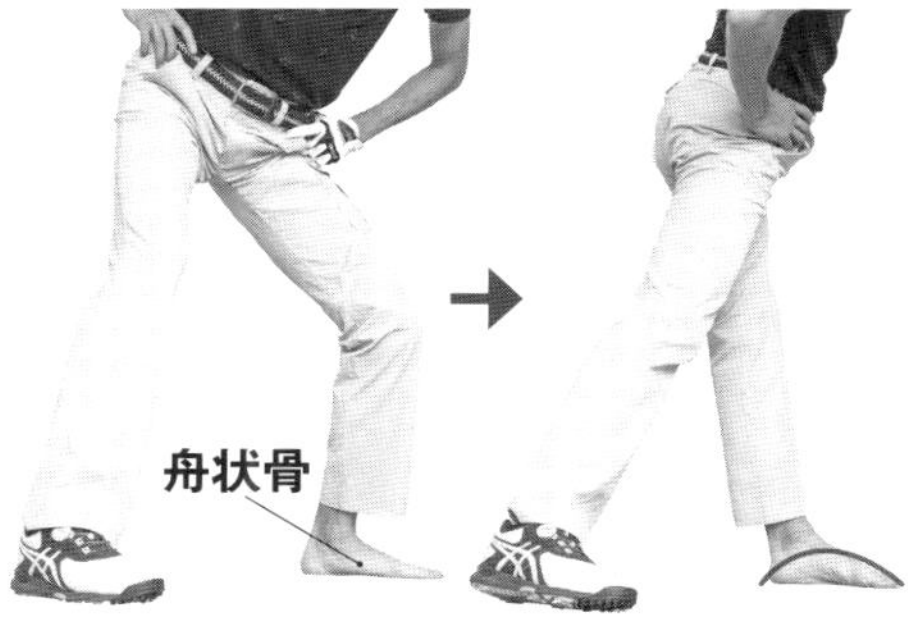

骨盤を左に回しながら、股関節から下を内に捻る際、拇指球、小指球、カカトをつけたままにしようとすると土踏まずのアーチが高くなって対応する。足の裏の機能を引き出すこともスイングには重要な要素

インパクトからフォローに向かって右のワキ腹を縮める

バックスイングでは左のワキ腹を縮め、右のワキ腹を伸ばしていきました。**切り返しからインパクト、フォローに向かう際には反対に、骨盤のスライド、回転と同時に右のワキ腹を縮めていく動作が入ってくることで、背骨のカーブを維持した使い方を可能にします。**

インパクトに向かって頭が大きく左に動いてしまうパターン、頭の位置を維持しようとして体重が後ろに残ってスムーズに動作できないパターン。これら2つのパターンは、側屈をしないで回転しようとしていることが原因で起こっています。

トップ選手の連続写真を見ると、フォローでは確かに頭が後ろに残っているように見えるのですが、これは決して重心が後ろに残っているのではなく、骨盤のスライドによって重心を左に移動させながらも、右のワキ腹を縮めながら回転運動を行なっているために起きている現象です。

フォローでは遠心力で目標方向へカラダがクラブに引っ張られます。その時に、右のワキ腹を縮めた状態になっていれば、遠心力に対して反対方向の力で釣り合いをとることができ、軸が維持されます。体幹を固定して頭が前に突っ込んだ形になってしまうと、遠心力に負けてスイングがゆるみ、さらに軸がブレてインパクトが安定しません。

トップで伸びていた右ワキ腹が、ダウンスイングでは縮む。それによって頭が後ろに残っているように見えるが、重心は左に移っている

右ワキが縮む、つまり側屈することでインパクトからフォローにかけて、アドレス時と同じ前傾が保たれる

右骨盤を押し出す右股関節の「外転−伸展」

左の骨盤を背中の方向に逃がす「スラストアップ」の後、右の骨盤が目標方向に押し出されてフィニッシュに向かいます。この時に重要な関節運動が、右の股関節の「外転」と「伸展」という運動です。外転という運動は、カラダの中心軸から外方向に動かすことです。つまり股関節の外転とは、脚を外に開く運動となります。

トップの位置では、右股関節が内側に締まった状態（骨盤から見てヒザが内側にある状態）になっています。ここからインパクトに向かって骨盤が左にスライド、回転していきます。この時にも右の股関節の外転は起きています。

そこからフォローに向かってさらに外転は進み、アドレス時より骨盤が左を向いてきたところから、股関節の伸展の運動がメインとなります。股関節の伸展というのは、脚をカラダの軸に対して後ろ方向に動かす運動です。**股関節の伸展によって右の骨盤を前に押し出すことができると、胸骨の回転の土台となっている骨盤の回転力が高まり、スイングに**

おいて大きな力を発揮することができます。

股関節の外転や伸展には、お尻の筋肉がメインで関わっていますので、ゴルファーはお尻の筋肉をしっかり鍛えることによって、強い土台をつくることができるのです。

腰を左に回転させるためには、右股関節から下は外転する。つまり内側から外へ開く動きをしている

アドレス字より骨盤が左を向くあたりから、右股関節は伸展する。つまり、足を後ろに上げる動きである

拇指球での押し込みと股関節の外旋

股関節の外転や伸展によって右の骨盤を目標方向に押し出す時に、足のどこで地面を押していくかということも重要です。骨盤が左に回転していく中で、トップ選手の右足の向きはほどんど変わらないか、むしろ少し外を向きながら押しているように見えます。

多くのアマチュアは、ヒザが内側に折れ、カカトが早く浮いてしまい、地面からの力が骨盤に伝わっていません。**トップ選手の足の使い方をするためには、股関節の外転、伸展だけでなく、外に足を開く運動である「外旋」もそこに混ざってきます。**

外旋をしながら地面を強く押さえるためには、足の内側のラインを地面に押しつけた後、拇指球で押し込むような運動が必要になります。この時、足裏の筋力が不足していたり、スネの裏側にある後脛骨筋《こうけいこつきん》という筋肉の力が足りないと、拇指球で地面を押し込むことができず、股関節を内旋させ、カカトを早く上げて拇指球と小指球の2点に乗ろうとしてしまいます。

股関節の外転、伸展、そして外旋を行ないながら、拇指球で強く地面を押し込む使い方ができれば、右の骨盤を最も効率的に押し出すことができ、胸骨の回転の土台をつくることができます。

骨盤を回転させている際、股関節から下は外旋の動きも混ざっている。つまり外側へ捻る動きだ

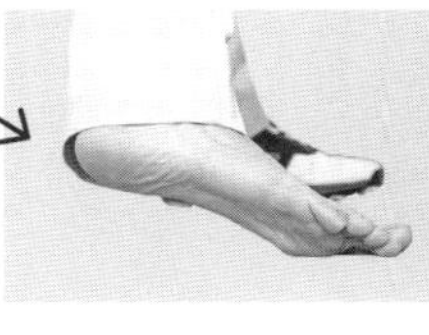

足の内側のライン、あるいは内側のくるぶしを地面に近づけ、拇指球で地面を押し込む

フィニッシュは胸椎の伸展で美しくなる

「フィニッシュが素人っぽく見えてしまうのが嫌だ」「プロのようなかっこいいフィニッシュを決めたい」。そんなお悩みをお持ちの方も多くいます。フィニッシュがかっこいいかどうかということに関し、全部が全部ではないのですが、胸椎が伸展しているかどうかというところが大きく影響しています。

胸椎というのは、首と腰の間の背骨です。「猫背」というのは多くの場合は胸椎が前に曲がっている状態を指しています。フィニッシュの時に胸椎が伸展（反る方向への運動）しているかどうかで、正面や後方から見て軸が保たれているかどうかが変化します。

先述したとおり、背骨というのは直線のまま回転するのではなく、カーブを維持して回転するものです。**インパクトからフォローでは右のワキ腹を縮めた状態になっていて、フィニッシュではそこからさらに回転して右肩が前に来ているため、最初につくったカーブを維持するためには胸椎を伸展させた状態にもっていく必要があります。**

胸椎の伸展の可動域は、よほどケアしていかなければ加齢に伴い小さくなってしまいます。胸椎の伸展の動きが小さくなってしまっている状態で無理やり真似しようとすれば、腰を反る動きに頼って大きな負担をかけることになり、腰痛の原因にもなりかねないので、注意が必要です。

胸椎を伸展させてフィニッシュをきれいに、という目標を実現したいならば、スイングの中で意識するのではなく、普段の生活から胸骨を上に向ける運動を意識的に行なってください。伸展の動きができるようになった状態でスイングを行ない、「自然に良くなった」という結果を目指していただければと思います。

右肩が目標を向くまで回ってきた段階では胸椎を伸展させることが前傾キープになる。そのためには胸椎の可動域を日常生活から心がけて改善しておくことが必要

頸椎を胸椎の延長線上に置く

スイング中における頭の位置についてですが、基本的には首の軸（頸椎）をスイングの軸に沿わせることを優先します。

アドレス時には、軽くアゴを引いた状態で胸椎の延長線上に頭を置きます。バックスイングでは左のワキ腹を縮めた状態で、胸椎が左にカーブしているので、首も少し左に傾きます。そこからインパクト、フォローにかけては胸椎が右にカーブしているので、首も少し右に傾き、フィニッシュでも伸展した胸椎の上で頭の位置は少し後ろへ、そしてアゴが上がらないようにしておきます。

頭は体重の約10％の重さを占めると言われ、5～7キロの重量があるため、重心の位置に大きく影響を与えます。その重さは、胸椎でつくったカーブの上に正しく乗せておくことで、フォローでの遠心力にも対応して軸を保つことができます。

場面ごとに頭の位置を意識することはむずかしいですが、逆に「目線を水平にしなければならない」という先入観などで首の位置が崩れてしまっている場合もあります。カラダの動きに合わせて自然な位置に置くということを優先して考えておくと、軸が崩れにくく安定したスイングを行なうことができます。

　スイングによって首を痛めてしまう方は、軸の上に頭がなく、首のところで軸が折れた状態になっている場合が多いため、首の置き方をチェックしてみると良いでしょう。

○

右に側屈した状態の時には、頭も右に傾いていい。首の軸を体幹の軸に沿わせるイメージ

×

「目線を水平に」と考えると、側屈した体幹の軸に首の軸が沿わなくなる

バックスイング、ダウンスイングの顔の向きについて

人間のカラダは、顔の向きや首の傾きによって発揮しやすい力の方向が変わるという、「頸反射」という反射を持っています。顔が向いているほうの腕を伸ばしやすく、反対の腕は曲げやすい。向いているほうの腕は内旋、回内しやすく、反対は外旋、回外しやすいなどです。

「ボールをよく見る」というセオリーを守ってスイングすると、トップでは顔を左に向ける状態になり、右腕を外旋、回外しやすくします。また、インパクトからフォローでは顔を右に向ける状態になり、これは右腕を伸ばしやすく、内旋、回内しやすい状態をつくります。

こういった反射の影響も考慮し、先ほどの「軸の上に頭を置く」ということも考えると、**トップでは左に首を傾けながら左を見る、インパクトからフォローでは右に首を傾けながら右を見るという状態が基本的な使い方となります。**

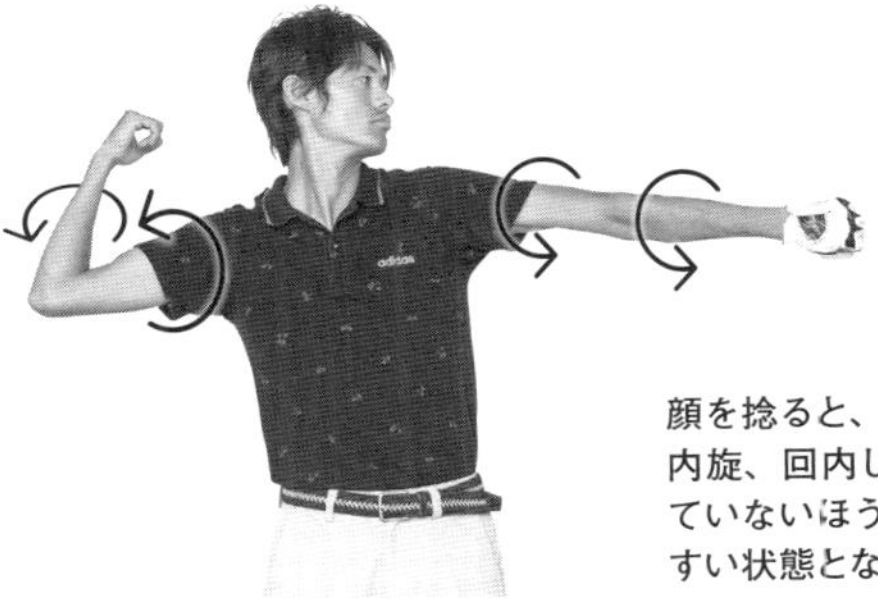

顔を捻ると、顔が向いたほうの腕は内旋、回内しやすくなり、顔が向いていないほうの腕は外旋、回外しやすい状態となる

トップで顔をボールに向けると、体幹の左側を見ている状態となり、左腕は内旋と回内しやすくなり、右腕は外旋と回外しやすくなる。つまり、トップまでに引き出したい動きと一致するので、この反射とぶつかり合うことがない

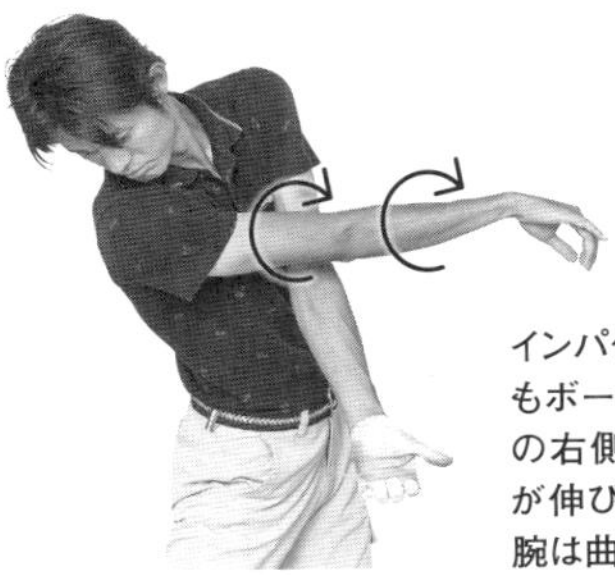

インパクトからフォロー、フィニッシュでもボールに顔を向けておけば、体幹の右側を見ている状態となり、右腕が伸びて、内旋、回内しやすく、左腕は曲がって外旋、回外しやすくなる

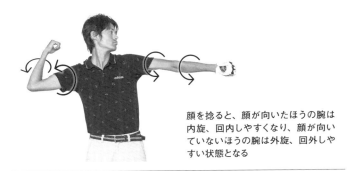

ヘッドスピードを上げてスイングをつくる

ゴルフスイングをつくっていく際に、形を意識すると、動きをなぞるような感覚となり、「速く振る」という要素を失ってしまいます。スイングプレーンというものをなぞる意識でも同じことになりますね。

「速く振る」ことができていない状態では、遠心力などの物理的な力が十分に生じません。ですから、スイングの中で自分のカラダにどのような力がかかってくるのか、それに対してどのように動きをつくればいいのか、ということがわからないままになってしまうのです。

「ゆっくり振る」状態でイメージしているプレーンやフェースの向きにコントロールする感覚を身につけたとしても、ゴルフでは「速く振る」場面が必ずあります。そうした状況では、「ゆっくり」で身につけた動きが役に立たない可能性もあるのです。

「速く振る」動作を身につけ、そこから生まれる外力を有効に使いつつ、その中で正しいコントロールを行なうための腕やカラダの使い方を習得していくことが大切だと考えています。

その感覚を身につけることで、重心位置の違うクラブをそれぞれの機能を引き出して使うことができるようにもなるでしょう。

「速く振る」ことは、それほどむずかしいことではありません。野球やテニスなど、ほかのスイング運動も含めてすでに多くの研究によって、カラダのもつ機能を十分に引き出す方法論がいろいろと開発されているからです。それも活用しながら、ゴルフ独自に必要な要素を身につけていけばいいと思います。

ゴルフスイング物理学がスイングの悩みを減らしていく

PART 5

ゴルフスイング物理学
Physics of Golf Swing

プロのスイングと「まったく逆」とわかれば直しやすい

プロスイングと、アマスイング（アマチュア選手のスイングという意味ではなく、上手に打つことができないスイングのことを以下、アマスイングと呼びます）では、同じように人間がクラブを振っていて、それなりに形も近いように見えるのですが、実はまったく逆と言っても過言ではないほど違った動きになっています。

ゴルフスイングというのは、トップを折り返し地点とした往復運動のように見えるのですが、実は回転運動になっています。そしてプロスイングとアマスイングでは、この回転方向が逆になっているのです。

多くのアマチュアがインパクトで「手元が浮く」「上体が起き上がる」などの悩みを抱えていて、それに対してトッププロのほとんどはインパクトに向かって逆に前傾が深くなっていきます。これもクラブの回転方向が逆であるから起こってしまうと考えられます。

プロは水平に動こうとするクラブを下に押さえつけて打つ。

アマは縦に動こうとするクラブをなんとか持ち上げて打つ。
この違いを理解すると、修正の方向性も明確になってきます。

プロのスイング

プロや上級者のスイングは寝た状態からインパクトへ下ろす際、浮き上がろうとするヘッドを下に押さえつけながら振る。そのため寝た状態から立てるようにクラブを時計回りに回す

アマチュアのスイング

アマチュアのスイングは立てたクラブを寝かせながら振る。プレーンの下に落ちようとするヘッドをなんとか持ち上げて当てる。クラブの回転は反時計回りに上から下になる

プロのスイング

水平に動かそうとして浮き上がってくるクラブを下に押さえつけて打つ

アマチュアのスイング

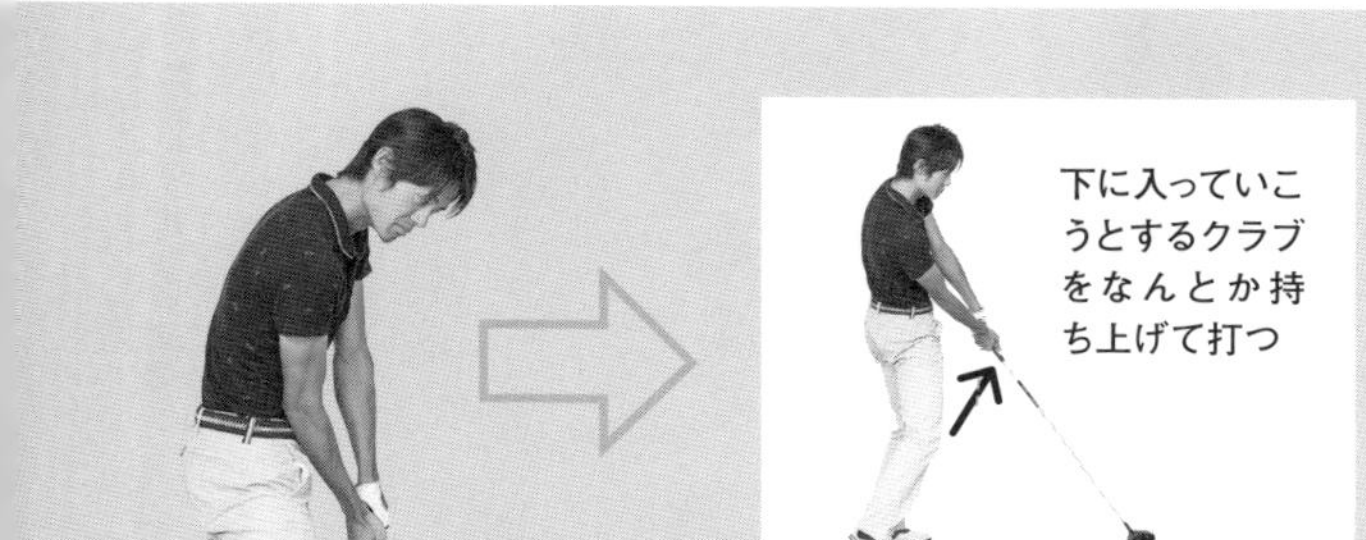
下に入っていこうとするクラブをなんとか持ち上げて打つ

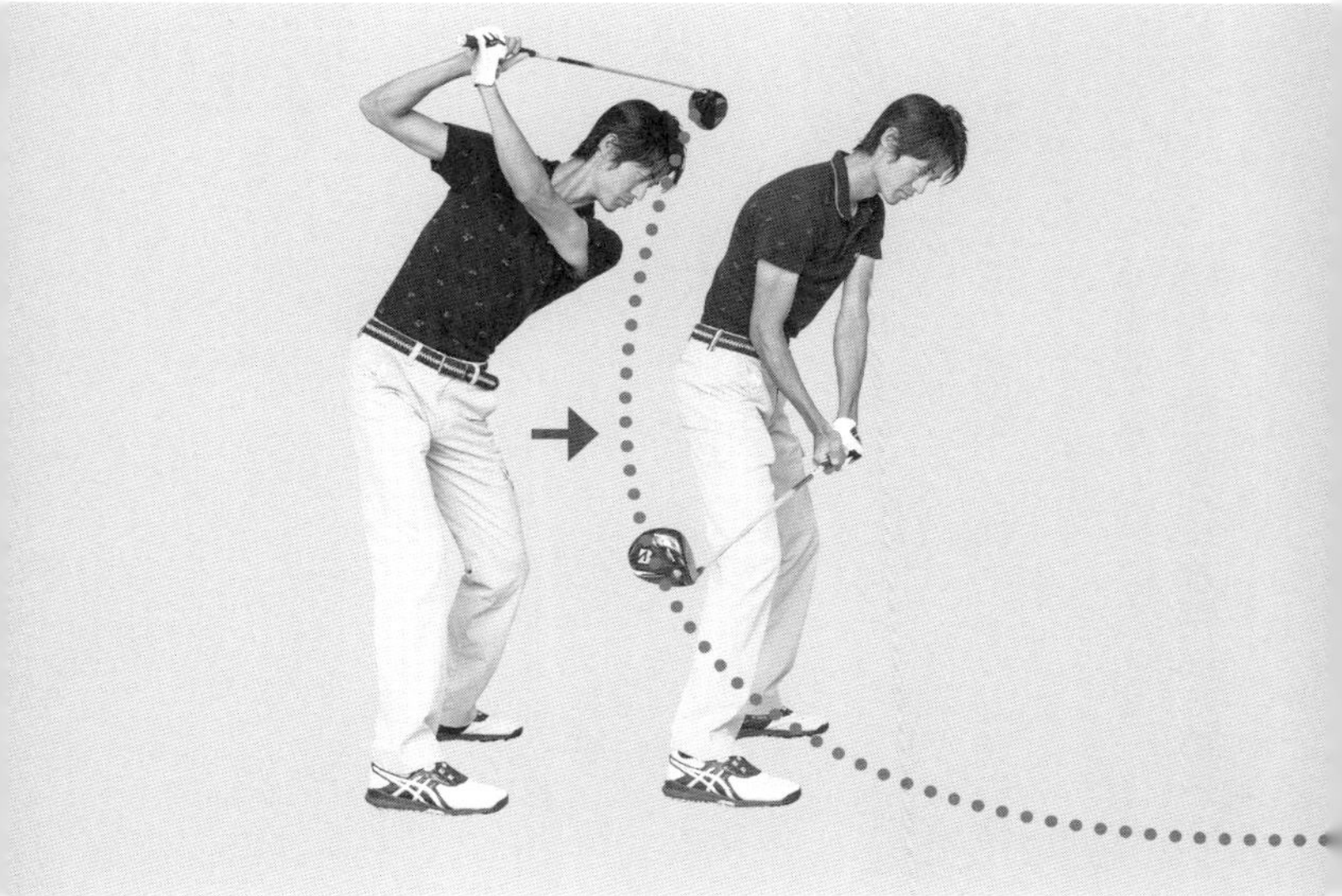

プロは上からトップに至り アマは下からトップに至る

プロスイングの回転方向でクラブを動かすために重要なことが、トップの位置にどの方向からヘッドが入るかというところです。トップ周辺はヘッドの動きがそれほど速くないため、一瞬止まっているように見えます。しかし、完全に静止しているわけではなく、トップの位置でもヘッドは動いていて、少なからず慣性の力を持っていることになります。そのため、トップから同じように力を加えたとしても、その慣性の方向によってダウンスイングでまったく違った軌道を描いてしまいます。

アマスイングの多くが、トップに向かってヘッドが下から入っていきます。上に向かっていこうとする慣性の力を持っているため、そこから切り返すとクラブは正面の方向に動こうとし、結果的にアウトサイドからの軌道になります。

それに対して、**プロスイングはトップに向かってヘッドが上から下りていきます。すると切り返し以降もヘッドは下に下りていき、背中の後ろに隠れ、結果的に水平面での円運**

動にかぎりなく近づいたインサイドからの軌道になるのです。

水平面での円運動に近いということは、パート1で説明した方向への遠心力、向心力を発生させることになり、フェースがインパクトゾーンでスクエアに保たれるスイングが完成します。アマスイングではこの遠心力、向心力がない中でインパクトをしなければならないため、フェースの向きが不安定になって再現性を失ってしまうのです。

プロのスイング

上からトップに入るため、慣性によってインサイドへと下りていき、背後の低い位置から水平な円運動に移行する

アマチュアのスイング

始動でインサイドに引く場合、下からシャフトクロスの状態のトップへと入る。その慣性によってアウトからヘッドが下りてくる

右に曲げたくないときは背屈をキープ

本書ではクラブの使い方に応じたカラダの使い方を説明してきました。カラダの動きについてイメージが具体的になってくると、応用として少し工夫を加えることで、さまざまなリスクを抑えていくことができます。

狙ったとおりの完璧なショットがいつもできればそれが理想ですが、基本的には大なり小なりすべてミスショットです。そのミスが許されるミスなのか、スコアを落とすミスなのか、という問題と考えることもできます。

左へのミスはＯＫでも右へのミスはＮＧ、という状況では、右へのミスを絶対にしないスイングができれば、それはスコアを大きく落とすリスクを回避することができるので、スコアをまとめるために必要な技術のひとつです。

ここでは、手首の使い方、体幹の使い方によるリスク回避の方法を紹介します。

右手首の背屈によってフェースが閉じるということは先述しましたが、背屈を維持して

右手首を甲側に折った状態をキープしたままインパクトゾーンを通過させる。フェースが閉じた状態でインパクトするため、左へ飛ぶことはあっても右へは行かなくなる

フォローを迎えようと意識するだけでも、ダウンスイングからインパクトにかけてのフェースの開きを抑えることができます。当然左に引っかけてしまうリスクは増えることになりますが、絶対にスライスで右へのミスをしたくない状況や、低いボールを打ちたい時など、フェースを少し閉じて使いたい場面では有効な手段です。

人さし指を強く握ると背屈を維持できる

手首を掌屈した状態と背屈した状態で、人さし指を握ってみてください。背屈させたほうが握りやすいことが感じられると思います。

この性質を利用し、**右の人さし指を少し強く握ることによって、背屈を維持しやすい状態をつくることができます**。とくに右の人さし指の第二関節より先のグリップ圧を少し高めるという工夫が有効です。

前項で紹介したように、右にミスをしたくなく、フェースが開いてスライスするのを防ぎたかったり、また、右手前にハザードがある状況で薄い当たりになってショートするのを避けたかったりといった場合に、効果を期待できる手段です。

背屈を維持してフォローをとった時には、フォローで右手の甲が自分のほうを見ている状態になりますので、確認してみてください。

また、グリップのところでも触れましたが、右手中指の第二、第三関節の間でグリップ圧を感じながらスイングすることも、背屈を維持するためにはとても大切です。

右手の人さし指を強く握りながら背屈と掌屈を繰り返してみると、背屈のほうが相性がいいと感じるものだ。右手首を背屈させたまま振りたい場合は、右人さし指で強く握るといいということがわかる

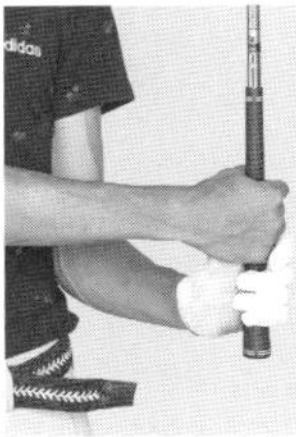

×

右手首の掌屈状態と人さし指で強く握る状態は、相性が悪い

フェースを開くショットでは背屈を解く

引っかけて左の奥に外すというミスが許されない環境では、ボールのつかまり過ぎを抑えるため、右手の背屈に力が入り過ぎてしまわない工夫をする必要があります。フェースを開いて使いたいショット、たとえばバンカーショットやロブショット、高くて大きなスライスショットを打ちたい時なども同様です。

この時、フォローで右手の背屈を少し解いたポジションにもっていくように意識する工夫が有効です。背屈を維持すると右手の甲が見える状態になりましたが、背屈を解くと反対に左手の甲がフォローで見えるようになります。

グリップの工夫としては、とにかく右の人さし指に力が入らないように気をつけることが大切です。先述したとおり右の人さし指を握ってしまうと、右手の背屈が優位になってしまいます。脱力する意識というのはむずかしいので、薬指や小指のグリップをメインにするといいでしょう。

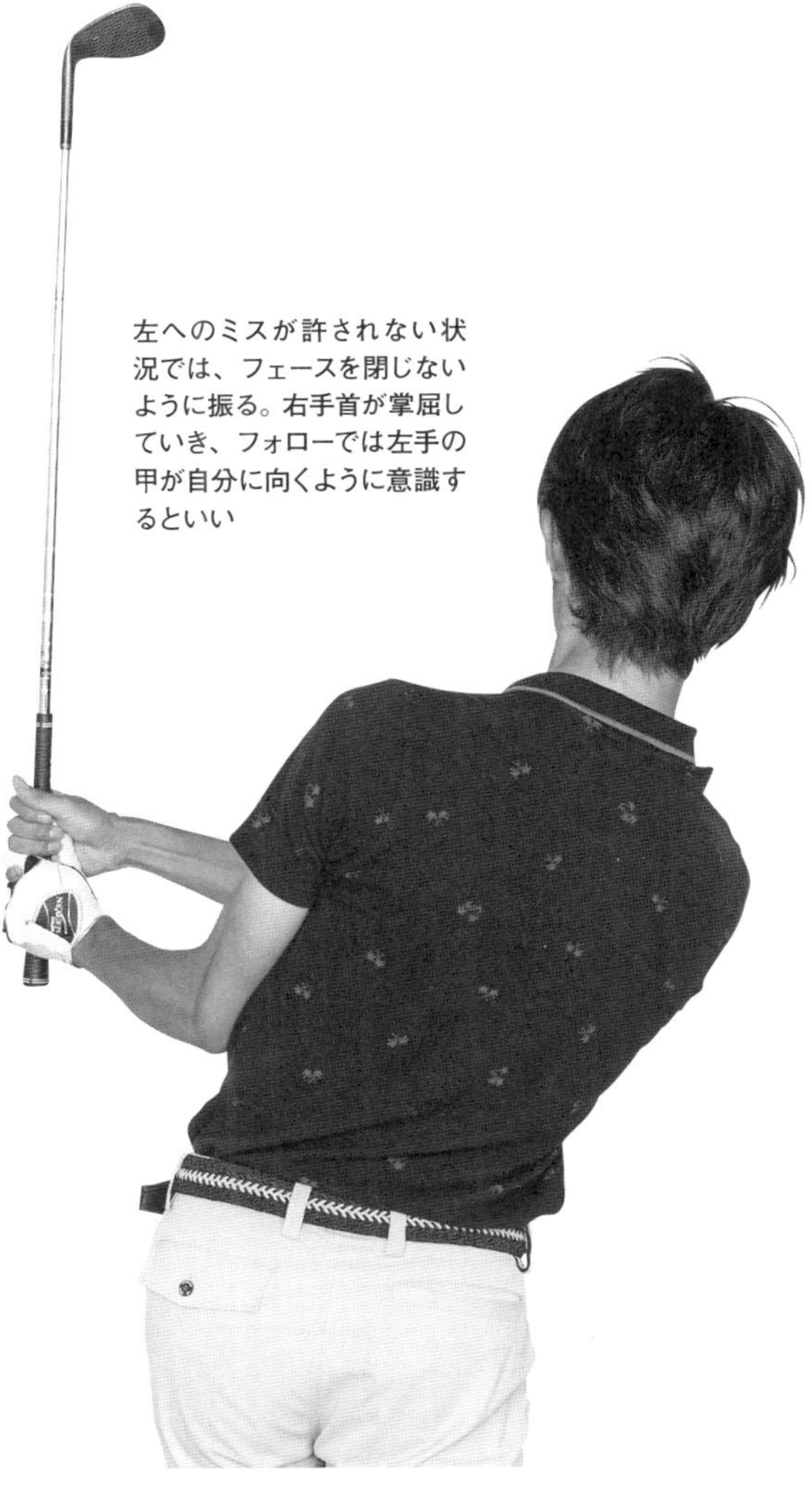

左へのミスが許されない状況では、フェースを閉じないように振る。右手首が掌屈していき、フォローでは左手の甲が自分に向くように意識するといい

カラダの中でミスを打ち消し合えば良い

人間のカラダは、おおよその作りは同じですが、その中でも筋肉の強さのバランス、柔軟性のバランス、身長や体重などはさまざまで、カラダの使い方のクセも違っています。年齢を重ねれば重ねるほど、動きのクセも長く付き合ってきたものになり、それを変えることはよりむずかしくなっていくものです。

その個体差をゴルフスイングの中でどう扱っていくかということについては、「帳尻合わせ」として考えることができます。

たとえば、股関節ですが、その可動域は人によって得意な方向が違っています。ヒザを外に向けるのが得意(股関節の外旋が優位)な人もいれば、内に向けるのが得意(股関節の内旋が優位)な人もいます。この個体差を無視して、アドレスの時のヒザの向きを同じにしたとしても、結果は変わってきてしまいます。外旋が優位な人がヒザを真っすぐ前に向けて構えた場合は、その時点で股関節は外旋しようとする力が出しやすい状態になり、内旋が優位な人はその逆になります。

ゴルフスイングでは後ろ足（右打ちの場合は右足）側の股関節は、トップで内旋、フォローで外旋となり、前足側の股関節はトップで外旋、フォローで内旋します。その際、ヒザを真っすぐ前に向けてアドレスすると、外旋優位の人はトップで右足側、フォローで左足側（つまり内旋する側）が窮屈になってしまいます。内旋優位の人は窮屈感はないものの、とくに右足に外旋させる（フォロー時に）力が入りにくくなってしまいます。

それぞれカラダのバランスに合ったアドレスを考えれば、外旋優位の人はヒザをやや開いた状態でアドレスをとることで窮屈感をなくしてあげる必要があり、内旋優位の人は逆に右足のヒザをやや内に向けることで力を出しやすくしてあげたほうが良い結果が得られます。それが、帳尻合わせです。

個体差は平均値とのズレであり、カラダのバランスという面で考えれば理想ではありません。しかし、それに合わせた動作で帳尻を合わせ、結果をそろえることができれば良いと考えることが大切です。

つまり**自分のカラダのクセを知ること、そして理想とされる平均的なスイング動作の中にどんな要素を混ぜることでそれを打ち消すことができるかを知ること、または試行錯誤して考えることが大切なのです。**

理想を追うことと妥協点を見つけることのバランス

誰もが理想のスイング像を持っていると思います。海外のトッププロのようなスイングをしたい。あこがれの選手と同じスイングをしたい。しかし、そもそもカラダのクセ、動きのクセが違う中で、同じスイングを求めて歩き出してしまうと、当然どこかで歪みが生まれます。

ここでも必要な考え方は、「帳尻合わせ」です。自分の理想のスイングを手に入れるために必要なものが、何十年とトレーニングやストレッチをしていかないと到達できないカラダのバランスだったとすると、そこに到達するまでずっと帳尻が合わなくて苦しみ続けることになってしまいます。

現状のスイングから、理想のスイングにどこまで近づけるか。どの部分はあきらめるのか。そのあきらめた部分を埋め合わせる帳尻合わせの方法はどんなものか。そういった発想で、ある意味「妥協点」を探りながらスイング改善をしていかなければ、いつまでたっても気持ち良くスイングして、スコアをまとめるということはむずかしくなってしまいます。

「理想のスイング」というのは、所詮「外から見えているもの」です。**大切なことは「クラブにどんな力がかかっているか」であり、そこさえ適切であればヘッドを加速させながら正しくインパクトをすることができます。それがどのように「外から見える」のだとしても……。**

本書では、「ヘッドを加速して正しくインパクトする」ために必要な物理的条件をテーマに解説をしてきました。そのためにはどのような右手の操作が必要なのか。そして体幹、下半身の動きはどうか、ご理解いただけたと思います。

外から見た自分の理想のスイングから少し離れていたとしても、この物理的条件を満たすスイングであれば、ある程度ナイスショットを出しやすいスイングになっていくはずです。そこをひとつの「妥協点」として、スイング改善にお役立ていただければ幸いです。

ショートゲームは「**ロジック**」です！

「理論」で上達する
世界標準の寄せテク

ロジカル・アプローチ

Waggle GOLF BOOK

世界標準
シングルになれるパット術

ロジカル・パッティング

吉田洋一郎＝著

著　者　**小澤康祐**（おざわ・こうすけ）

スポーツトレーナー
運動学、物理学などの視点でゴルフスイングを独自に研究。2015年よりYouTubeにて「ゴルフスイング物理学」のタイトルでレッスン動画を配信。2018年9月時点で3万3000人の登録者と約1000万回の視聴回数を重ね、一般ゴルファーへの指導のほか、ティーチングプロの講習、ツアープロの動作改善指導なども行なっている。ゴルフ以外のスポーツでも実績を残しており、野球では公立高校を甲子園初出場に導き、全国から指導者が集まって指導法を学ぶ「愛知トレーニング交歓会」でメイン講師を複数回に渡って務める。子供の姿勢改善指導を題材にテレビ出演、雑誌に取り上げられるなどメディアでも活躍中。現在、出身地の長野県松本市で整体・トレーニングジム「スタジオコア」を経営し、他4人のトレーナーとアスリートをサポートしている。1987年生まれ。

Waggle GOLF BOOK

ワッグルゴルフブック

ゴルフスイング物理学《ぶつりがく》

2018年10月５日　初版第１刷発行
2019年６月11日　初版第５刷発行

著　者………………小澤康祐
発行者………………岩野裕一
発行所………………株式会社実業之日本社
〒107-0062 東京都港区南青山5-4-30
CoSTUME NATIONAL Aoyama Complex 2F
電話（編集）03-6809-0452
（販売）03-6809-0495
ホームページ………http://www.j-n.co.jp/
印刷・製本…………大日本印刷株式会社

ISBN978-4-408-33790-6（第一スポーツ）